PX：Productivity Transformation

［生産性トランスフォーメーション］

企業経営の新視点

日本生産性本部　国際連携室 編著

生産性出版

はじめに

　日本の生産性運動は1955年の日本生産性本部設立に始まった。第二次世界大戦で荒廃した日本をこれまで発展させたのは、国を挙げた生産性運動のたまものである。1955年当時の名目GDPは8兆3700億円、時間当たり名目労働生産性は88円であった。以来、現在GDPは約66倍となり、生産性は約54倍となった（実質ではGDP13倍〔一人当たり47倍〕、労働生産性11倍）。

　生産性運動が始まった当初、科学的経営を米国、欧州に学んだ。経営者、労働組合幹部など産業界を挙げて渡米・渡欧して学び、それを日本の組織にうまく適応させ、その後の経営の礎となった。

　当時、迎え入れた欧米の経営者たちはなんら隠すことなく、日本人の労使に対して、懇切丁寧に教えてくれた。学んできた先人たちは帰国後、高い志をもって日本各地でセミナーなどを通じてそのノウハウを公開し、日本中の労使がこぞって学んだのだ。マーケティング、品質管理、生産管理、経営計画に代表される学びの過程はそのまま経営学の教科書になるといわれたほどだ。

　時は昭和から平成、そして令和になり、日本の社会経済の状況は一変したが、日本政府が新たな成長と発展を意図して生産性革命を政策の中心の一つに据えていることや、長く続いた経済の低迷やコロナ禍を受けて、生産性への注目や期待は高まっている。われわれはいま一度「生産性」について真摯に見つめ直す時がきたと思う。まさにPX（Productivity Transformation）の時が来たのだ。

　それは日本の生産性水準が他のOECD諸国と比較して、長期間にわたって低迷していること、日本のGDP・雇用のシェアで7割を超える重要産業であるサービス産業の生産性水準はさらに低迷していること、加えて欧米など先進諸国でも生産性の停滞に悩んでいることなどである。そして、生産性の付加価値（分子）改善・改革に注目する必要性が高まっていること、経営視点で多様な生産性課題の解決の道を探ることの重要性があらためて認識されている。

そこで2018年から生産性の国際連携を推進するため、日本生産性本部の茂木会長を委員長とする労使学のトップリーダーの方々が委員を務める「生産性経営者会議」を立ち上げることになった。この組織はグローバル・経営視点での「生産性の調査研究・経営者の対話と経営幹部の交流活動」を主軸に生産性向上について考え、対話し、実践する母体である。

　まず、自由、民主主義、基本的人権、法の支配、市場経済などといった共通の価値観を持つ米国やドイツとの相互の学びを得るための活動を考えた。幸運にもわずか1年足らずで志を同じくする卓越したパートナーとの連携体制が構築でき、協働・協創が2019年から本格化した。

　本書は、主に生産性向上を図るための基盤となる、ミクロレベル、企業経営を中心視座に置き、さまざまな方々と対話・交流する中で国際連携室メンバーが気付き、学んできたさまざまなことをベースに取りまとめた。生産性経営者会議の茂木委員長をはじめ、帝人相談役大八木成男氏（副委員長）、アサヒグループホールディングス特別顧問泉谷直木氏、レンゴー代表取締役会長兼CEO大坪清氏、ANAホールディングス代表取締役社長片野坂真哉氏、ヤマトホールディングス特別顧問木川眞氏、日本貿易振興機構理事長佐々木伸彦氏、JTB取締役相談役田川博己氏、経営共創基盤（IGPI）グループ会長冨山和彦氏、中外製薬特別顧問　名誉会長永山治氏、全国労働組合生産性会議前議長野中孝泰氏、地球産業文化研究所顧問／東洋大学総長福川伸次氏、学習院大学教授宮川努氏、三菱電機シニアアドバイザー山西健一郎氏、第一生命ホールディングス取締役会長渡邉光一郎氏ら各委員の皆さま、ならびに米国やドイツのパートナー組織や各国の経営者、アカデミアの皆さまなど、大変貴重なご助言・ご指導・ご協力をいただいたことに深謝したい。

　また、本書刊行にあたり、ご所見をいただいた永山氏、木川氏、渡邉氏、山西氏、片野坂氏、冨山氏、そして全体を通してアドバイスをいただいた宮川氏には再度御礼申し上げる次第である。

　Part 1を構成する第1章から第4章までは主に「生産性の過去、現状、そして課題」を整理した。生産性の本質と概念、これまでの軌跡、国際的観点から見た生産性の現状や課題などを内容としている。また、2020年に発表した生産性白書のポイントをPart 1と2の間にColumnとして掲載したので参照いただきたい。第5章からPart 2及び終章は主にわれわれが考える「生産

性を軸とした経営を実現するための提案」として付加価値をどう上げるか、雇用と人材育成のあり方、「善き社会」について等を内容とし、加えて日本を代表する経営者の方々のご意見を紹介している。

　デジタル化・グローバル化の進展・深化に加え、コロナ禍で企業と社会の関係が大きく問われ、生産性課題の解決が切に求められている現在、本書が経営幹部をはじめ各界のリーダーの方々がイノベーションを起こし、付加価値の高いマネジメントをする、生産性を軸とした経営戦略の立案と実行に寄与できれば幸いである。そして善き社会づくりのために皆さまとともに活動して参りたい。

公益財団法人日本生産性本部

大川　幸弘

第4章　日米経営者対話からの学び

Part 2

第5章　生産性分子改善・改革〜付加価値を高める要件〜

第6章　経営者の卓見〜生産性向上と経営改革〜

第7章　これからの雇用と人材育成

第8章　生産性改革の本質〜再投資につながる公正分配を〜

終章　PX 生産性トランスフォーメーションで善き社会を創る

第 1 章

CHAPTER:01

生産性について考える

1 | 生産性序説

失われた30年を振り返る

　日本経済の停滞が目に見えて顕著になったのは2000年以降であろう。

　1990年代初頭にバブルが崩壊し、1990年代の半ばには金融危機が起きた。1995年ごろに住専の経営状況が深刻化し、日本の金融システムに対する不安感が増大したことを受けて旧大蔵省が預金全額保護を宣言した。結果として住専7社が破綻し、その処理に公的資金を注入したことで世の中が大騒動となった。そして1997年のアジア金融危機が起きると景気は急速に落ち込み、北海道拓殖銀行や山一證券といった大手金融機関が破綻した。これにとどまらず、翌1998年には日本長期信用銀行や日本債券信用銀行も破綻することとなった。

　この一連の破綻劇とその後の公的資金投入や大銀行の統合合併を通じて、これまでの日本の金融は大きく変容することになった。また、銀行にかぎらず、機関投資家としての顔も持ち、ザ・セイホといわれた生命保険会社も2008年までに日産生命、東邦生命、千代田生命、第百生命、協栄生命、東京生命、大和生命が次々と破綻し、まさに1990年代後半から21世紀初頭にかけて日本経済の血管であり、最も安定的で信頼された企業の代名詞の一つであった金融機関が次々とその経営を悪化させた。このことが後に大きく日本経済の産業構造の変質に影響することになった。1980年代には「Japan as No.1」といわれた日本経済・産業だったが、これらをきっかけにして大きくその姿を変えることになった。

　世界に目を向けると、この時代にベルリンの壁が崩壊し、ソビエト連邦がなくなり、中国のWTO加盟などを通じて一挙に、そして目ざましいスピードでグローバル化が進展した。社会主義国家の崩壊と民主化で、一気に東西で分かれていた市場の壁が取り払われたのだ。

　金融の問題と併せ、グローバル環境の大変化がさらに日本経済・産業を大きく変えることになった。これを受けて、日本企業の海外展開は加速化し、

複雑化し、成熟化していくことになった。単に現地で生産するだけでなく、開発、営業、販売までするといった本格的なものに進化したのだ。まさに企業にとっての国境はなくなったに等しい状態となった。21世紀に入ると、もはや、海外売り上げや利益が日本本社を上回る企業は珍しくないこととなり、進出先はもとよりグローバルな政治・経済の状況に、良くも悪くも影響を受けることが必然となった。なぜなら企業と国の関係も変化したのだ。

このように、1990年代はバブル崩壊、冷戦の終了、金融危機とグローバル化などにより、日本経済・産業、企業、そして社会は経験したこともない環境に置かれるようになったのだ。今、冷静に1990年代の激変を評価すると、相対的・変化対応型ですむことではなく根本的・本質的な対応が求められていたのかもしれない。すなわち90年代末には日本に対し、本質的な変革の要請があったのかもしれないのだ。われわれは「本質的な変革の要請」を受けていたことに30年の間、うすうすは気付きながらも次々と起こる大災害やリーマンショックなど、ほぼ10年おきに起きた大問題に対応し、リカバリーすることで手いっぱいとなり、変革の本質をじっくり見極め、スピード感を持って十分に改革することができなかったのかもしれない。

日本企業の経営でいえば、1980年代〜1990年代初頭まで、まさに「強み」として世界に誇った3種の神器であった長期的継続的雇用慣行（終身雇用）、年功序列賃金・処遇、企業別労働組合は、軌を一にして見直しを迫られ続けている。日本企業の多くは年功序列や終身雇用といった労働慣行に成果主義を導入するなど脱年功序列に向けて改善したが、いま話題となっている職務給ベースのジョブ型雇用処遇といった抜本的改革がなされたわけではない。そして組織率は低落傾向であるものの、企業別労働組合も大きく変わることはなく、その機能を果たし続けている。

ただこの間、確実に生産年齢人口は減少を続け、雇用は非正規雇用労働者や女性、高齢者、外国人など多様化し、結果として就業構造は大きく変化している。コーポレートガバナンスも企業不祥事や株主権の強化の動きなど、紆余曲折しながら変化し続け、外形標準としては米国型に近づいている。さらに今、最も求められている経営のデジタル化も米国をはじめとした先進国や中国などと比較すると遅れていることも事実として受け止める必要がある。

　グローバル化やデジタル化の波を受けて、開発の仕方、製造の仕方、営業（販売）の仕方も大きく変化している。このような状況下で各種の日本の経営システムや制度を適応させることが鍵となるが、現行システムや制度は慣性の法則が働くため、計画し、意図したようになかなか動かないのが現実だ。海外は日本企業が得意とする時間をかけて、ボトムアップ型で改良改善しながら進むといったことが不得手であるため、短時間でトップダウン、自社でできなければできる会社を買うなどして改革的に進めてしまう。日本は完全を求め、海外は7割、8割レベルの完成度でゴーサインを出すことが多い。

　これらをキーワード的に表現すれば、日本企業には「迅速と多様、公開、連携、協働」を経営にビルトインする（組み込む）ことが求められているのだ。経営環境が不連続線上に立っていることを前提にしなければならない時代である。この大変化の時に、意思決定をする経営者をはじめとした各界各層のリーダーシップが今ほど重要となった時代はないかもしれない。

生産性の本質を再び考えるとき

　さて、このような状況下における生産性、その本質を考えたい。

　生産性はそもそも豊かな社会づくりの根源だ。しかし、この「豊かさとは何か」という本質的な問いに答えるのはかなり難しい。日本のような成熟社会は同質的ではなく異質な人々の集合体であるため、個々人の価値観や生活観によって偏りが大きい。しかし、あえて豊かさについて要素を挙げれば、「経済的な余裕や時間の使い方の自由度が高い」「選択の自由と多様性が豊富なこと」「希望の実現可能性があること」などといったことになるのではないだろうか。この豊かさを享受するためには単純に「量」や「効率」を追い求めるだけでは実現は困難であり、「質」や「効果」を重視した生産性向上こそが大切であり、必要な指標となる。

　2015年以降、「日本再生戦略改定2015」「骨太の方針2016」「未来投資戦略（2017・2018）」「成長戦略実行計画（2019）」、2020年に誕生した菅政権の政策「骨太の方針2020」をはじめ、一連の働き方改革など政府の重要政策に生産性の概念がビルトインされている。

　このことも契機となり、日本の経営者の生産性観も大きく変化した。こ

れまでの一般の生産性観はどちらかというと「量」の世界中心の「物的生産性」のイメージであった。極端に言えば「労働者が一人で何個作れるか」といった昔ながらの労働集約的な工場労働をイメージさせるものが支配的だった。しかし、昨今では経営者や労働組合のリーダーが、「付加価値労働生産性」や「全要素生産性(TFP)」といった「価値」や、「イノベーション」といった「質」で生産性を語ることが普通になってきている。人口減少時代の日本にとっては生産性が向上しないかぎり現状のレベルを維持すること、ましてや発展させることが難しいことは国民共通のコンセンサスとなった。つまり、「生産性」抜きに現在の豊かさを維持できないことが理解されたのだ。1980年代には生産性不要論も一部では論じられたが、この失われた30年の間、今ほど生産性が共通課題になることはなかったように思う。

　今や国民の意識が大きく変化したのだ。生産性向上はまさに日本社会の持続的成長や発展のための必要条件となった。

　現在の日本は、高齢化と人口減少、デジタル化やグローバル化の遅れ、ダイバーシティ＆インクルージョン(多様な人材を受け入れ、尊重して活かす)の遅れ、エンゲージメントの低迷などを原因として、地方の疲弊、サービス産業の低生産性、経済の新陳代謝の不活性、人材育成投資・設備投資の停滞、研究開発の質の問題など、生産性を左右する大きな課題が山積している。

　日本生産性本部が設立された1955年、戦後間もない頃の生産性運動は、国際社会に追いつき国民経済を発展させることが労使共通の課題であり、まず「量」の世界を確立することが優先された。

　昭和の遣唐使といわれ、米国を中心とした先進諸国の優れた仕組みを勉強した労使は、工夫を凝らして自分たちのものにすることで生産性は飛躍的に伸びた。少なくとも経済的には豊かな社会を創り上げることができ、当初の目的は達成して、製造業では世界でもトップクラスを誇った。

　しかし、現在は社会経済が複雑化し、高度化、成熟化したことにより、生産性に関わる活動の質も変化しなければならない時代となった。これまでとは異質・多様な視点が求められ、複雑な方程式を解かねばならない。例えば先進国が共通して生産性上昇率の停滞にあえいでいること(特にリーマンショック以降)や、富めるものとそうではないものの格差(資産および所得)が大きく拡大し、社会経済を支えるメインプレーヤーの一員であるはずの中間

層が減り続け、社会に分断の危機が表出していることなどが大きな課題となっているからだ。

　かつてのように、自ら学んで自ら応用することだけでは生産性向上には限界がある。ダイバーシティ＆インクルージョン、相互ベンチマーク、連携といったコンセプトで考え、グローバル視点で社会を善くすることを意識しながら各界のリーダーが対話することが極めて重要だ。その対話によってお互いが気付きを得て生産性向上のヒントとし、生産性向上活動を広げ、実行することが求められる。日本生産性本部が、「生産性経営者会議」を設立し、日米独で活動を開始した理由はまさにここにある。

　生産性向上のための中心的役割を果たす組織は言うまでもなく企業である。従って、個々の企業のミクロレベルの生産性改善・改革が重要だ。その企業も社会が健全であり、発展することが存在条件となる。

　加えて今、企業と社会の関係が注目されている。多くのステークホルダーがSDGs（持続可能な開発目標）やESG投資（環境・社会・ガバナンスへの対応を基準に投資判断を行う投資）への関心を高めているように、企業は経営の仕組みや仕方の改善・改革を求められるようになった。この重要性については、生産性経営者会議が米国の有力なシンクタンクであるコンファレンスボードと共催した経営者による生産性をめぐる会議(Business Leaders Forum on Productivity)でも指摘されたが、ビジネスラウンドテーブル[1]やダボス会議[2]も同様に着目している。ステークホルダー資本主義に基づく経営こそがこれからの企業存続・発展の条件となった証左だろう。企業と社会は別個の世界に生きているのではない。企業は社会課題の解決者の一員、むしろ主人公にならねば存在意義を失っていくだろう。

　少しブレイクダウンして考えよう。日本の生産性（マクロ）を測る場合、その分子はGDPだ。GDPを大きくすることが生産性向上に直結するのは間違いではない。しかし、昨今の社会経済のデジタル化はそのGDPの測定に疑問を投げかけている。生産性を論じる際に、さらに考えなければならないのは、これまでのマクロレベルの生産性概念が従来のままでは通用しにくくなっていることだ。

　今や誰もが保有するスマートフォンを取り上げて考えてみるとすぐに理解できる。スマートフォンは、通話、電子メール、手帳、インターネット検

索、SNS、地図、カメラ、音楽や映画、ゲーム、テレビといった仕事、娯楽、金融、決済機能や小売り機能などを持ち、われわれの日常生活の大半を支えるデバイスとなった。しかもこれらのサービスの多くがアプリを通じて無料で消費者（スマートフォン利用者）に提供される。われわれは少し前まで、手帳、ノート、パソコンやデジタルカメラ、CD、ウォークマン、ゲーム機といったリアルにモノを購入すること、そして自分が物理的に動いて店に行くことによって便益を得ていたはずだ。しかし、少なくともその全部ないし一部が付加価値として測定されず、GDPに反映されないばかりか、場合によってはGDPを下げる要素にもなったのだ。単純化して言えば、かつてはミクロを積み上げた総量がGDPだったが、そうではなくなってきているのだ。これからは新技術によってますますこのような消費者余剰が大きくなり、生産者余剰は相対的に小さくなるかもしれない。

　国民1人ひとりは消費者であり供給者でもあるので、単純化して消費者余剰の極大化がそのまま豊かさにつながるとは思わない。しかし、前述したようにその豊かさを数値で捉えて「迅速性」「経済性」「選択肢の幅広さ・多様性」「希望の実現度」などとすれば、デジタル化の進展によってはますますそのレベルが上がることは論をまたない。

　つまり、生産性はマクロの基本的指標であるGDPの議論中心だけでは正確性を欠くことになる。さらにかつて生産性のマクロ基準であった生産性水準（就業者1人当たりGDP）を上げること（量の拡大）だけが目標ではなくなる日も遠くないだろう。

　従って、われわれの目標は結果としての生産性水準の向上だけではなく、まず生産性上昇率増大や公正分配の内容だと考える。良質な雇用を創出し、生産性向上の果実をステークホルダーの納得が得られるように公正分配することを可能とするミクロ＝企業の生産性が前年に対してどれだけ高まったかが大事だ。つまり、生産性水準だけではなく上昇率と分配のあり方を目標とする運動となるべきだ。以上のことから何としてもPXを成し遂げるべきだと考える。

　次節では、生産性の基本概念について考えていきたい。

（大川　幸弘）

2 | 生産性の概念

ここであらためて生産性の基本概念について確認したい。

「生産性とは、生産諸要素の有効利用の度合いである」（ヨーロッパ生産性本部より）。すなわち、労働、資本という生産要素を投入して、どれだけの産出物や付加価値が生み出されるかを測る指標である[3]。下記のように、さまざまな形で捉えられる投入と産出の関係を指標化し、より少ない労力や資本でどれだけ多くの成果をあげたのか（＝効率性）を数値化したものである。そして、その成果を、企業・経済・労働者・社会へ分配することで社会の基礎を築き、日本経済は発展してきた。

$$生産性 = \frac{産出（生産量、生産額、付加価値）}{投入（資本、原材料、エネルギー、労働力）}$$

しかし、戦後復興期の日本においては生産性運動への反対意見が強かったため、労使の協力が不可欠であった。このことから日本では、各界各層を巻き込んだ国民運動とすべく、1955年に「生産性運動に関する三原則」が決定され、その後の生産性運動の基本的な考え方となった。

以下に紹介したい。

1. 生産性の向上は、究極において雇用を増大するものであるが、過渡的な過剰人員に対しては、国民経済的観点に立って能<ruby>能<rt>あた</rt></ruby>うかぎり配置転換その他により、失業を防止するよう官民協力して適切な措置を講ずるものとする。
2. 生産性向上のための具体的な方式については、各企業の実情に即し、労使が協力してこれを研究し、協議するものとする。
3. 生産性向上の諸成果は、経営者、労働者および消費者に、国民経済の実情に応じて公正に分配されるものとする。

なお、Columnで、この三原則の今日的意義を整理しているので、併せて

ご覧いただきたい。

　企業の生産性を考える上で、よく使われている2つの生産性指標について述べる。

　最も一般的なのは、労働生産性である。労働生産性は、働く人がどのくらいの成果（付加価値が用いられることが多い）を生み出したかを数値化した指標である。働く人1人による労働1時間当たりの成果を指標化したもの（時間当たり労働生産性）と、労働時間を考慮せずに働く人1人当たりの成果を指標化したもの（1人当たり労働生産性）に大別される。企業レベルでは、1人当たり労働生産性が比較的多く利用されている。

　そして、労働生産性が向上すると、①企業の利益拡大、②従業員の賃金上昇、③（マクロレベルの）持続的な経済成長につながるといわれている。これは、企業利益や従業員の賃金は自らが生み出した付加価値から分配されるものであり、個々が付加価値を拡大（＝労働生産性を向上）させればそのパイを大きくすることができ、ゼロサムになることなくそれぞれを増やすことが可能になるためである。また、標準的な経済理論では、経済成長は時間当たり労働生産性の向上・働く人の増加・労働時間の変化に分解される。日本では、人口動態からすると、今後働く人を増加させ続けることが難しい。また、労働時間を今後長くしていくことも現実的ではない。そう考えると、労働生産性が向上しなければ、持続的な経済成長は難しくなってしまう。そのため、労働生産性向上が近年になって重要視されるようになっている。

　なお、国や産業レベルで労働生産性を計算する際は、付加価値をベースとすることが一般的であるが、企業レベルで労働生産性を付加価値ベースで計算するにあたっては、さまざまな付加価値の計算方式があるので留意されたい[4]。

　もっとも、労働生産性だけで企業の生産性の実態を把握できるわけではない。企業が活動するにあたっては、人材（労働）だけでなく、資本など多様な資源が用いられる。そうした様々な生産要素を考慮した生産性の概念が下記の全要素生産性（TFP）である[5]。

$$\text{全要素生産性 (TFP)} = \frac{\text{生産量（または付加価値量）}}{\text{各投入要素の集計量}}$$

　学習院大学宮川努教授によると、TFPでは分母の「各投入要素の集計量」が簡単に計測できないため、分かりにくい側面があるという。労働生産性では、労働投入量は人、または時間で測るため分かりやすい。しかし、TFPでは、資本など単位や数え方が異なる投入要素同士を単純に計算することはできないためだ。そこで、TFPはそれぞれの投入要素を指数化して統合する形をとり、水準ではなく変化率（％）で計測される。

　宮川教授は、「一般的に労働投入を考える場合、詳細な能力の差は計測できておらず、結果的に標準的な労働者の人数や総労働時間数などで測られる。従って、産業特有の能力や企業内で磨かれた能力などは、TFPに含まれる」と指摘する。このような要因は、無形資産として注目されている。これからの生産性向上の鍵といえよう。無形資産の例としては、ソフトウエアやデータベース（情報化資産）、研究開発、設計デザインや金融技術革新（革新的資産）、労働者教育・訓練、組織構造改革やマーケティング・ブランド力（経済的競争力）がある。

　産業構造や経済環境、さまざまな技術の変化とともに、生産性をめぐる諸条件も変化してきた。これまでを振り返っても、日本を含む主要国は、工業化社会から情報化社会、サービス化社会へ転換してきた[6]。そうした中で、サービスや情報の価値（量から質へ）の重要性が高まり、生産性を決定する要因も、かつてのようにモノの技術水準や品質だけでなく、ソフトウエア（技術、システム）や情報といったデジタルな価値、目に見えないサービスの品質などによっても左右されるようになりつつある。また、近年はスマートフォンなどでさまざまなデジタルサービスが無料で利用できるようになっていることを背景に消費者余剰経済が拡大していると指摘されており、GDPでは捉えられない付加価値をいかに把握していくかも議論となっている。

　生産性向上には個別企業だけではなく、社会環境・経済環境・自然環境、規制といった、複合的要因の関連も強まった。具体的には、納税、環境保全など社会的分配を指し、現在ではSDGsの考え方が世界各国・企業経営の中にビルトインされ始めた。今まさに生産性向上のあり方とその成果配分の考え方や方法が問われている。

　生産性は働く人々が持続的に改善・改革することで好循環を創り出す指標だ。そして現在のDX（Digital Transformation、以下DX）はすでに、生産

性を新たな次元へと転換させている。自動化によって投入量を大きく低減させる一方で、新たな価値提案を通じて顧客価値を飛躍的に拡大させる可能性を持っているからだ。これまでの個別の取り組みに加え、人と組織がスキルや能力を向上し続け、多様な人と組織との連携を通じた取り組みを進めることで、無形資産を拡充し、それがこれからの生産性向上へとつながる。

（齋藤　奈保）

3 | PX 実現に向けて

　失われた30年を取り戻し、成長と分配の好循環を機能させるためにはこれまでの生産性向上の考え方をトランスフォームすることが求められる。

　本章の第1節「生産性序説」でも述べたように、本書で言う生産性の目的は単に生産諸要素の有効利用の度合いといった数字だけではない。一人ひとりが豊かさを実感できる社会をつくることだ。

　そのためにはまず生産性向上が必要不可欠であり、DX 等によって生産性の式の分母改善・改革で余力を産み出し、人材育成投資等で生産性の式の分子改善・改革で付加価値を高めることが求められる。そしてこの向上した成果を多様なステークホルダーに公正分配し、それが新たな付加価値創造に寄与するといったサイクルが回る。これが整流化された状態こそがわれわれのコンセプトである Productivity Transformation（以下 PX）である。

　少し分解して考えてみよう。まずデジタル技術の利活用が重要なツールとなる。日本ではコロナ禍によって DX が部分的とはいえ進展したが、その活用度合いは欧米や中国の後塵を拝していると言われる。多くの企業人がコロナ禍におけるテレワークを現実に実施して遅れやもどかしさを感じた。それは仕事の仕組みや仕方が標準化されておらず、職務記述書のように厳格な仕事が定義がなされていない中で、デジタル化しにくい状況だったのだ。これまでの仕事の多くがアナログになっていることが原因の一つとして挙げられるが、もちろんアナログはすべて否定すべきものではなく、その良さも多

い。

　一方で、テレワークは通勤やオフィスなどのコスト削減効果が高く、コロナ禍のみならず地震や台風など自然災害にともなう交通機関の麻痺により出社できない状態でも働けるというメリットもある。行うべきはしごとのプロセスをあらためて分析し、どこをデジタル化すればよいかについてじっくり考えることである。

　PXを実現するためにはDXを実行して、まず生産性の分母改善・改革で余力を生み出し、分子改善・改革によって付加価値を向上するストーリーが求められる。そのためには「人材育成投資」をはじめ、「設備投資」「研究開発投資」が不可欠だ。今こそ、with/postコロナを見据えた成長投資をすべきである。生産性の分母と分子の改善・改革による生産性向上は、人々がより熟練した尊厳のある仕事に就き、より高質な製品・サービスを顧客に提供し、賃金が上昇するという好循環につながり、成長の原動力になるはずである。長きにわたる停滞した日本経済を打破するためには大きなチャレンジではあるが、このPXの実現が必須である。次章以降で皆さまとともに考えていきたい。

（大川　幸弘）

〔注〕
1　米国最大規模の経済団体。
2　世界経済フォーラムが、毎年1月にダボスで開催する年次総会。世界を代表する政治家や実業家が一堂に会する。
3　宮川努『生産性とは何か―日本経済の活力を問いなおす』ちくま新書　2018年
4　松尾昭二郎「生産性概論」生産性労働アカデミー講義　1997年
5≪主な付加価値計算の定義≫
［控除法］付加価値＝売上高―前給付（材料費＋外注加工費＋支払経費）
［加算法］付加価値＝営業利益＋人件費＋減価償却費
公益財団法人日本生産性本部『生産性白書』2020年
6　宮川（前掲書）

第 2 章

CHAPTER:02

日本と海外における
生産性の諸課題

　さて、ここで日本の生産性課題について考えてみたい。先にも述べたとおり日本の生産性運動は、日本生産性本部が創設された1955年に始まった。1961年までの7年間に、生産性先進国である欧米に多数の労使幹部を派遣し多くの技術を学んだ。「はじめに」でも触れたように、先人たちはその知見を積極的に日本の産業界に適合・浸透させ、結果として生産性を飛躍的に高め、産業を発展・進化させた。

　しかしながら、現在、日本では生産性上昇率が長期間低迷し、経済成長が鈍化している。グローバル化や、DX（Digital Transformation、以下DX）を実現する破壊的で急速な技術革新が続いている環境において、日本の知見・価値基準だけで今後の成長・発展の方向性を見出すのは難しい状況にあるところに加えてコロナ禍が襲った。

　他方、かつて日本が学んだ欧米先進国においても、生産性上昇率は10年以上低迷が続いており、グローバル社会においては格差拡大や社会の分断、環境問題といった課題も大きくなっている。この背景として、経済・社会の持続的成長・発展に不可欠である「生産性向上とその成果の分配の好循環」が十分に機能していないことが考えられる。

　この生産性上昇率をどう上げるかと、生産性向上の成果をどのように公正に分配し、好循環をつくり出すかが根本的な生産性課題である。

写真2-1　日本生産性本部から米国に派遣された視察団

1 | 生産性の推移

　2019年末に発生した新型コロナウイルスが、世界の人々の健康と安全を
むしばんでいる。人々は、働く能力も気力もあるにもかかわらず、世界中で
ロックダウンなどによって身動きが取れず、経済活動は停滞し、生活や雇用
にまで悪影響を及ぼしており、経済成長にブレーキをかけ続けている。

　2020年は世界中がこれまでにない最大の試練を経験したが、歴史を見れ
ば人類はこれまでも感染症と戦い続け、克服してきた。2021年に入ってワク
チン接種が多くの国々で始まり、近い将来には治療薬も開発されることが期
待されている。われわれはさらに公衆衛生を向上させ、経済活動を回復する
ための努力を重ねて乗り切ることができると信じる。世界中の知恵と努力で
早期の復旧、そして回復と成長を切に望むものである。

　コロナショックからの回復も含めて、成長と発展の基盤は生産性にある。
まず、日本の生産性の推移について概観していきたい。

　図表2-1にあるように、日本で生産性運動が始まった66年前の時間当たり
の生産性は88円で、現在は54倍の4751円となった。名目GDPは8兆3700億
円から66倍の554兆円に成長した。まさに先人たちの努力の結晶が日本の豊
かさを実現したのだ。ただ、大変残念なことに生産性の上昇カーブは21世
紀に入ったあたりから鈍化し続けている。

　ここで押さえておきたいこととしてGDPは「(1人当たり)労働生産性×就
業者数」であり、就業者数が人口に影響されることを考えると、成長のもう
一つのエンジンは人口である。

　明治時代初期の日本の人口は約3500万人、生産性運動を開始した66年前
は約9000万人、現在は約1億2600万人で生産性運動開始時から3000万人以
上増加した。しかし、生産年齢人口は1997年から減少に転じ、2008年から
は総人口もマイナスに転じている(図表2-2)。そしてこれに併せて少子化・
高齢化が同時進行で急速に進み、構造が大きく変化している。

　20世紀の日本は、官民挙げての生産性向上努力と人口増加の両輪で戦後
復興を遂げて豊かな国となったと言えるだろう。

図表2-1　日本のGDP・労働生産性の推移

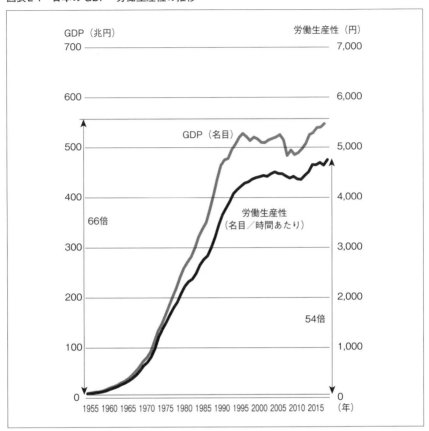

出所：内閣府「国民経済計算」、総務省「労働力調査」、厚生労働省「毎月勤労統計」をもとに日本生産性本部作成。

　しかし、前述のとおり生産性の上昇率は鈍化し、人口は減少に転じているとすれば、成長はますます生産性向上にかかっているということだ。このことは日本において顕著ではあるが、米独をはじめとした先進諸国でも生産性上昇率の停滞と少子化・高齢化などによる成長率の鈍化に悩んでいることも事実だ。

　さらに与件として経済・社会はグローバル化とデジタル化に向かって猛烈な勢いで突き進んでおり、格差の問題や社会の分断、環境問題などの社会課題も同時かつ急速に広がっている。

図表2-2　総人口・生産年齢人口・就業者数の推移

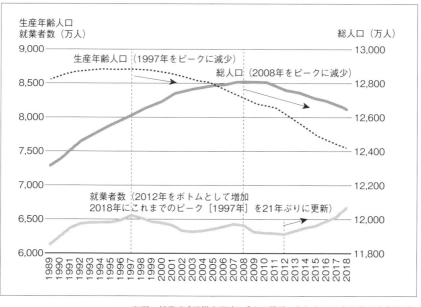

出所：総務省「労働力調査」「人口推計」をもとに日本生産性本部作成。

（大川　幸弘）

2 ｜ 生産性課題①　生産性上昇率の低迷

　前節で触れたように重要な生産性課題は2つである。一つは生産性上昇率が低迷していることである。生産性水準が低いことも議論されるが、生産性上昇率の低迷こそが本質的な課題である。

　なぜなら、言うまでもなく生産性の水準は結果であり、上昇率はその結果が出るまでの過程であるからだ。先に述べたように今世紀に入って以来、上昇率が鈍化、停滞しており、そのことが結果として低い水準となっている。上昇率はプロセスであるため、問題発見が比較的できやすい。そしてショッキングではあるが、日本の生産性水準は主要先進7ヵ国（G7）において1970

図表2-3　主要先進7カ国の時間あたり労働生産性の順位の変遷

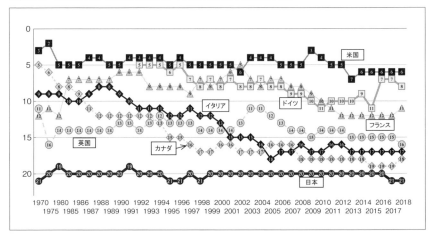

出所：日本生産性本部「労働生産性の国際比較」

年以来最下位を続けている事実をわれわれは受け止めなければならない（図表2-3）。高度成長期や日本にとっての黄金の1980年代といえども、全体の生産性水準は実は決して高くなかったのだ（ただし、製造業について言えば世界最高水準であった）。この事実を真摯に受け止めて生産性上昇率を上げるため、政府をはじめ、生産性の主役である企業、団体といったあらゆる民間組織が、なぜわれわれの生産性上昇率が低いのか、その原因を追求し、一つひとつ吟味しながら改善のために何をすれば良いのかを考え、議論し、具体的な行動を起こさないかぎり成長はないと考えるべきだ。

　生産性は「分子」となる成果（付加価値）と「分母」である投入量（単純化して言えば労働者数や労働時間）の割り算である。生産性上昇率の改善は分母の縮小を行うだけでも可能だ。分母である投入量が減って分子である成果が同じなら生産性上昇率は高まるのだ。しかし、投入量を減らすという分母改善に依存した手法では、短期的には良いにせよ、中長期で考えると限界がある。例えば、DX、AIやIoT、ロボティクスをはじめとしたデジタル新技術の導入による仕事の効率化や省人化で投入する労働量（時間）は、比較的容易に減少させることはできるかもしれない。しかし、これで成果を同等に保ち続けるのは、短期的には可能だろうが、中期的には限界があり、その継続は難しい。生産性上昇率を継続的に高める上で重要なポイントになるのは、分母改

善をした余力を分子改善にどう生かすかの戦略だ。

　タイムラグはあるにせよ、分母と分子の同時改善を理想として考え、目標化するべきだ。そして、分子となる成果（＝付加価値、特に新しい製品・サービス・市場の開発）の源泉となるのは人間の想像力と創造力である。従って働く人々のパフォーマンスをどのように分子改善に結びつけるか、ヒューマンセントリック（人間主体）に考えることが、生産性上昇率向上の鍵である。当然のことながら働く人々が分子改善に貢献できるように、エンゲージメントを高め、能力開発や適正配置などを戦略的に進めることが必須条件となる。このことは第5章で議論したい。

（大川　幸弘）

3　生産性課題②　成果の公正な分配

　2つ目の課題はこうして上がった生産性の成果をどのように分配するかだ。

　生産性の理念は「進歩と不断の改善を目指す」ことであり、「今日よりも明日が優る」ことを信じるものだ。この理念を果たすため、日本の生産性運動には前出の3つの原則がある。

　第一原則は「雇用の維持拡大」、第二原則は「労使の協力と協議」、第三原則は「成果の公正な分配」である。これは労使学の中立組織として日本生産性本部が創立され、生産性運動が始まった頃から掲げられ、実践すべく運動が展開されてきた。

　現在、日本をはじめ世界においても、第三原則の実現はたいへん重要だ。ただし、当時と比べ現在は多様なステークホルダーが存在し、かつステークホルダー間の相互関係性が強くなっている。ステークホルダーはしかもグローバル化によって国内で閉じているわけではなく、価値観の異なる国や企業など、関係性は複雑だ。多面的に考えねばならない。経済の成長とその好循環づくりのためには、生産性向上の成果をこのような複雑かつ多様化した

写真2-2　日本生産性本部とコンファレンスボードが共催した
　　　　「経営者による生産性をめぐる会議 (Business Leaders Forum on Productivity)」

ステークホルダーの理解と納得が得られるように分配することが重要なの
だ。

　機会の公正さが担保されない中で現状のような分配を続ければ、所得・
資産格差拡大がさらに進み、社会から健全性が失われていくだろう。

　日本生産性本部は米国のコンファレンスボードと共催した「生産性ビジネ
スリーダーズ・フォーラム」(Business Leaders Forum on Productivity)の共同
宣言を2019年9月に出した。ほぼ同時期に米国のビジネスラウンドテーブル
が出した提言「Statement on the Purpose of a Corporation」や2020年1月の
ダボス会議でも「ステークホルダー資本主義」がテーマとなっており、第三
原則である分配論が注目され、議論された。このことからもステークホルダー
との「成果の公正な分配」が生産性を考える上で極めて重要なトピックであ
ることはお分かりいただけるだろう。

（大川　幸弘）

4 ｜ 成果はどのように分配されるべきか

　前節で触れた「生産性向上の成果をどのように分配するか」を巡っては、
時代によっても考え方が変化してきている。生産性向上に貢献し、その成果

を得る主たる存在が企業と働く人々であることは、以前から変わらない。しかし近年は、考慮に入れるべき対象が株主や地域社会など多様なステークホルダーにまで広がりつつある。それでは、生産性が向上したとき、その成果はどのように分配されることが望ましいのだろうか。本節ではこの点を掘り下げたい。

　もともと、日本生産性本部では設立当初より先に述べた「生産性三原則」を掲げており、そのうちの一つとして「成果の公正な分配」を謳ってきた。これは、生産性向上による成果の公正な分配が、経済や企業が生み出す付加価値を持続的に増大させるための原動力であることを念頭に置いている。そして、労使関係を通じ、生産性向上の成果を、賃金をはじめとする労働諸条件の改善につなげていくことが望ましいと主張してきた。実際、その後の高度経済成長期からバブル景気に沸いた時期に至るまで、日本経済や企業の発展と歩調を合わせるような形で、生産性が向上し、働く人の所得も大幅に上昇した。

　同時に、生産性を向上させることで質の高い商品やサービスを適正な価格で消費者に提供することにより、経済の好循環や人々の生活水準の向上に寄与してきた。

　しかし、その後は「失われた30年」とも形容される経済的な停滞の中で、生産性の動きと賃金の動きが必ずしも同方向でない状況に陥った。厚生労働省「毎月勤労統計」の現金給与総額指数から賃金の推移を概観すると、1990年代後半あたりまでは、正社員が多く含まれる一般労働者の賃金は上昇していたが、その後を見ると労働生産性が上昇していても賃金は停滞あるいは下落する推移をたどっている（図表2-4）。この時期に大きく増えたパートタイム労働者の賃金も、おおむね横ばいで推移している。従って、生産性向上の成果が賃金に反映されていたこれまでの関係性が、この時期に変化したと見ることができる。半面、この時期の企業を見ると、将来に備えて内部留保を厚くする行動が広がったことも特徴的であった。

　もっとも、2013年あたりからは、再び労働生産性と賃金がともに上昇するような傾向に転じている。一般労働者・パートタイム労働者それぞれの現金給与総額指数は、2009～2012年あたりに底打ちし、労働生産性の上昇とリンクするような形で緩やかに上昇するトレンドへと転じている。これは、

図表2-4 労働生産性と賃金 (現金給与総額指数) の推移

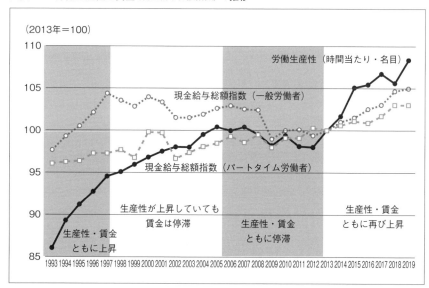

出所:内閣府「国民経済計算」、厚生労働省「毎月勤労統計」、総務省「労働力調査」をもとに日本生産性本部作成。
※それぞれの指数は、2013年以前は従来集計ベースであるため厳密には接続しないことに留意されたい。

2012年から国内景気が拡大局面に入ったことや、当時の安倍政権が賃上げを促進する姿勢であったことも背景にあるが、生産性向上の成果が賃金に再び反映されるようになったということでもある。OECDのデータを見ても、日本の賃金(実質賃金)は2010年から2019年の間に2.2%上昇しており、米国(同9.3%)や英国(同3.1%)には及ばないものの、2000年代(-2.5%)から大きく改善した。

　もっとも、こうした傾向は、コロナ禍による経済的な混乱で2020年になって変化していることに留意する必要がある。また、生産性向上の成果が働く側の賃金や労働条件に分配されることのみを念頭に置くのではなく、多様な働き方の許容やワークライフバランスの改善、新しい能力やスキルへの投資支援など、新たに配分を検討すべき論点が生まれてきていることも考慮に入れるべきであろう。

　そして、企業が関係するのは働く人々だけではなく、株主や消費者、取

引先、さらには地域社会など多様なステークホルダーがいる。このような幅広いステークホルダーに対し、生産性向上の成果をどう分配することが公正であるのか、検討が求められるようになってきた。

　経済成長を好循環へとつなげるには、生産性向上の成果がさまざまなステークホルダーの理解と納得が得られるよう公正に分配されることが重要なためである。機会の公正さが担保されない中で格差拡大が進めば、いずれ社会が崩壊しかねない。実際、米国など先進諸国で労働分配率の低下が指摘されるほか、法人企業統計を見るかぎり、日本でも大企業を中心に労働分配率の低下が進んでいる（図表2-5）。すでに、こうした危険性の萌芽は顕在化しつつあると言ってよい。

　労働分配率が低下する原因としては、①テクノロジーの進化が労働より資本に有利に働いた、②企業の市場支配力が強まって経営者への分配が増えた、③グローバル化の影響や労働組合の交渉力低下など、さまざまな指摘がある。生産性向上をはじめとする企業努力の成果をどう賃金に反映させるのか、前述したように日本のみならず世界的な課題になりつつある。

　また、今後、日本が生産性を向上させていくには、ステークホルダーの

図表2-5　OECD加盟国の労働分配率の変化

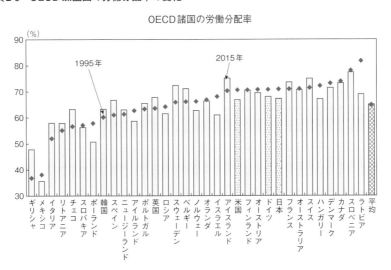

出所：内閣府「年次経済財政報告」2018年

中でも、特にこれからの社会や企業を支えていく社内外の人材にどう投資を行い育成していくのかが、とりわけ重要であると考える。自社の従業員も重要だが、フリーランスや協業パートナーなど、事業に携わるすべての働く人々を人材投資の対象として捉えることが重要になるだろう。

　企業活動における成果の分配ということで言えば、企業の中で人材教育を再活性化することは雇用者への報酬の前払いではないかという議論もある。こうした認識が広がっていくと、成果の分配を今までより広く捉えることができるようになるだろう。大学教育をより実践的にして専門性の高い人材を育成することや、リカレント教育（義務教育または基礎教育の修了後、生涯にわたって教育と他の諸活動（労働、余暇など）を交互に行う教育システム）を充実させることによって知識やノウハウをアップデートすることなど、人材に投資するためのルートも多様化しつつある。

　また、これからの経営者は多様なステークホルダーに対し、積極的に働きかけをしていくことが求められるため、ますます責任が大きく、重くなる。このような職責を十分に全うし、経営に責任を持って取り組むにあたり、適正と言える報酬についてもっと議論されるべき、といった論点もあるだろう。グローバル化が進展し、さらなるダイバーシティ＆インクルージョンの潮流を考えると、経営人材も国際化が進むと思われる。そうすると、日本企業の経営者の報酬を国際水準にすることが必要になる。米国と日本、欧州でその水準や考え方が異なる部分もあるが、さまざまなステークホルダーへの成果の分配を考えるのであれば、併せて経営者に対してもどのような分配がされるべきなのかを考える必要もあるのでないだろうか。

（木内　康裕）

5 ｜ 海外からの学びと途上国への普及

　「生産性の概念は祖国を持たず、また政治色を持たない」とは、20世紀半ばに農耕社会、工業社会の後はサービス社会に移行し、そこは経済成長のな

い世界であると予測したフランスの経済学者、ジャン・フーラスティエの言葉だ。実際、産出の投入に対する割合と定義される生産性は、分母も分子も数値化が必須であるがゆえに、時空を超える普遍性を有する。だからこそ国際比較が容易となる。

　日本生産性本部設立のコンセプトは、1948年の英米生産性協議会（AACP）をはじめとする西欧諸国における生産性センターをモデルとしていた。第二次世界大戦の戦禍に見舞われた英国は、労使双方の代表から構成されるAACP設立後、世界トップレベルの生産性を誇る米国に産業別・課題別視察団を送った。1948年から1952年までの5年で66チーム、900名もの英国産業人材が視察した米国の工場は、2000カ所に及んだという。視察団員は、大戦中に技術面もさることながら、経営面でも刷新された事実に米国繁栄の秘密を見出し、その視察成果を英国に持ち帰って英国産業の改善に応用した。

　やがて英国の経済再建を目の当たりにした欧州各国で、米国の対外援助計画拡大とともに、デンマーク、オーストリア、西ドイツ、オランダ、ベルギー、イタリア、スイス、スウェーデン、フランスなど、次々と生産性センターが設立され、これらの地域中心機関として1953年パリにヨーロッパ生産性本部（EPA）が設立された。欧州では第一次世界大戦後の1919年に国際労働機関（ILO）が設立されたこともあってか、「人間の尊厳」を重視し「労働は商品ではない」という1944年決議のフィラデルフィア宣言の精神が、欧州における生産性運動の基盤となることになる。

　1950年の朝鮮戦争特需に沸いたものの大規模ストライキが続発し、危機的な労使関係状況にあった日本だが、のちに日本生産性本部会長となる郷司浩平氏（当時、経済同友会事務局長）を中心とした、志ある人々の粘り強い交渉と協議の結果、経済界や労働界の参加と政府による閣議決定を経て、1955年3月1日に日本生産性本部が正式に発足した。草創期の中核事業は海外視察団の派遣であり、同年9月〜10月の6週間にわたり石坂泰三・東芝社長／日本生産性本部会長を団長に据え、日本経済界を代表するメンバーが参加した「第一次トップマネジメント視察団」が皮切りであった。そして1961年までの7年間に、欧米諸国に向け合計459チーム、4403名もが派遣され続け、先にも述べたとおり「昭和の遣唐使」と称されるに至る。

　帰国した団員の報告会により、米国企業の特色である「科学的経営」、すなわち合理主義、民主主義、開拓精神といった先進資本主義国におけるモノの見方や考え方などの精神的側面、そして経営組織、マーケティング、IE、コスト・コントロール、標準化といった経営管理に関する概念・具体的手法が紹介された。当時、日本生産性本部副会長、また後に社会経済国民会議の初代議長を務めた中山伊知郎・一橋大学名誉教授は、「何千人に及ぶ人びとが、先進経営の実体を、"この目で見、この足で確かめ、この手でつかみとってきた"ことの意義は計り知れない」と語っている。さらに、これらは報告書、書籍、新聞・雑誌などの媒体を通じ、より広く日本の産業界に広報、周知された。欧米の新しい経営管理技術の普及は、日本企業の経営近代化に貢献し、その後の高度経済成長へとつながっていく。

　そしてアジアで初めて生産性運動を展開した日本を中心に、韓国、中国（台湾）、フィリピン、タイ、インド、パキスタン、ネパールの8カ国を原加盟国としたアジア生産性機構（APO）が1961年に発足、運動はアジア地域にも拡大していった。1949年の共産国家建国以降、大躍進や文化大革命で混乱を極めていた中国にも1980年に訪中視察団を派遣、鄧小平・副総理と会見し、その後、改革開放経済政策の下で経営コンサルタントの養成、派遣などの日

写真2-3　日本生産性本部から米国に派遣された「第一次トップマネジメント視察団」
　　　　　（中央は石坂泰三・日本生産性本部会長、1955年）

中生産性協力が行われた。そして、高度経済成長を遂げた日本による生産性国際技術移転の集大成とも言えるのが、1983年より7年間にわたり行われたシンガポール生産性向上プロジェクト（SPDP）である。シンガポール国家生産庁（NPB）を相手先機関とし、日本の生産性運動の経験をもとに運動の普及促進、生産性向上、労使関係をはじめ、5S、カイゼン、TQC、予防保全など品質管理、QCサークルなど小集団活動、管理監督者訓練、経営コンサルティングなど、経営管理全般に及ぶ技術移転を図るという、これまでのハードウエア提供中心ではないソフトウエアの技術協力であった。日本から派遣された200人に及ぶ専門家は、シンガポールの経営者、管理者、労働者など、延べ15000人に影響を与え、NPBコンサルタントとともにシンガポール企業200社への経営指導を行った。

　生産性国際協力はその後、アジア各国のみならず中南米、東欧・ロシアなどの旧共産圏、そしてアフリカにも展開、拡大し続けている。個別企業への経営コンサルティングを通じたミクロの課題解決とともに、経営コンサルタント養成やサービス産業のベストプラクティス共有といった制度立案・組織運営能力強化、また経営者や管理・監督者、労働者に至る幅広い対象への研修による産業人材育成という3つの活動を軸に、発展途上国・新興国において生産性向上を通じた産業振興に貢献している。

　だが、生産性国際協力の原動力は日本が生産性リーダーとして世界における地位を維持し続けることであり、2000年代中盤以降の生産性スローダウンにより、米独など世界のトップレベルに追いつくことはおろか、近年その差が広がりつつあることを踏まえると、日本の国際的な地位の低下は深刻である。また発展途上国への技術移転はそのコストの大部分を政府開発援助（ODA）に頼まざるを得ず、日本のODA予算も1997年の1兆1687億円をピークに急減し、近年微増傾向にあるものの2020年度は5610億円と、ピーク時の半分以下の水準となっている。世界銀行などのデータによる就業者1人当たりの労働生産性（2019年）を見ると、かつて技術移転先であったシンガポール（170958ドル／1735万円）は世界第3位、かたや日本（78829ドル／800万円）は38位でシンガポールの約半分の水準となっている。シンガポールは都市国家であり、日本とは国家規模や産業構造も異なるため単純な比較は慎むべきではあるが、なぜ日本の生産性水準がなかなか向上しないのか、上昇率が

低いのか、新興国の成長にも謙虚に学ぶべき点があるのではないだろうか。

（原田　さやか）

6 グローバルベンチマーキング ～米独の組織と共通課題に挑む～

2000年代半ばから生産性上昇率が低迷する日米独

　前節で日本生産性本部が設立された1955年から、多くの産業人材が欧米に派遣され、経営管理技術を学び、日本の生産性を飛躍的に高めたことに触れた。図表2-6は1970年以降の日米独の生産性水準を表しているが、日本の生産性が飛躍的に高まったことがよく分かる。米独も同時に生産性を高めており、その水準では日本とは常に一定の差が存在している。

　しかし2000年代半ば以降からは、日米独ともにカーブがフラット化する。2000 ～ 2005年の生産性上昇率は日本1.7%、米国2.6%、ドイツ1.4%であったが、2010 ～ 2018年は日本0.8%、米国0.6%、ドイツ0.9%と軒並み低迷しているのだ。

　生産性上昇率が10年にわたって低迷していることは、経済のみならず社会にとっても大変憂慮すべき事態であり、この状況を打破しなければならない。そこで「はじめに」にあるように、日本生産性本部では自由、民主主義、基本的人権、法の支配、市場経済を共通価値観とする日米独の企業経営者同士が知見を共有し学び合うことが重要と考え、民間主導によるネットワークの構築活動を開始した。

　当初、根本的な価値観・仕組みは同じとはいえ、社会経済のサブシステムや各慣習が大きく異なり、その上、生産性水準は米独の方がはるかに高い状況で米独側から共感が得られるかが懸念された。しかし、この懸念はすぐに払拭されることとなった。まず活動を開始した米国において、2つの有力シンクタンクがわれわれの理念や目的に共感し、連携して活動する強い意思を示してくれたのだ。以下、われわれと議論を行ったシンクタンク幹部が、

図表2-6　日米独労働生産性推移 (1970 〜 2018)

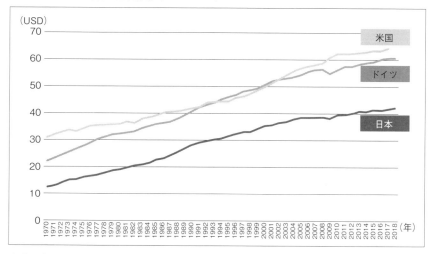

出所：ブルッキングス研究所「Productivity comparisons: Lessons from Japan, the United States, and Germany」
※ OECDデータベースをもとにブルッキングス研究所が作成。生産性水準の指標として労働時間当たり GDPを用いている。

当時 (2017年秋〜 2018年春) どのような問題意識であったかを説明したい。

生産性上昇率低迷は深刻な問題

　まず一つ目はブルッキングス研究所だ。ブルッキングス研究所は1916年設立の公共政策に特化したシンクタンクであり、米国の政策形成に重要な役割を担っている。「2018年世界有力シンクタンク評価報告書 (米ペンシルベニア大学 TTCSP (シンクタンク・市民社会プログラム))」で総合ランキング1位となっている。

　そのシニアフェローであり、クリントン政権時に大統領経済諮問委員会 (CEA) 委員長を務めたマーティン・ニール・ベイリー博士は、「生産性は長期的な生活水準向上のための最も重要な指標。人口動態変化の影響による労働力の減少でますます重要となっているにもかかわらず、先進諸国で生産性上昇率が低迷していることは深刻な問題だ」と述べた。そしてテクノロジーの急速な発達にもかかわらず生産性が向上しない「生産性パラドックス」の

写真2-4　マーティン・ニール・ベイリー　ブルッキングス研究所シニアフェロー

　例として、第二次世界大戦直後にコンピューターが開発されたが、生産性に反映されるまで非常に長い時間がかかったことに触れた。

　また、ベイリー博士ほか、ハーバード大学、世界銀行や米州開発銀行など多国間開発組織で実務経験があり、現在ブルッキングス研究所グローバル経済開発シニアフェローであるダニー・バハー博士もプロジェクトに加わった。ブルッキングス研究所で生産性をテーマとする研究をしていたこの2人をカウンターパートとし、議論しながら日本生産性本部が支援して、マクロ視点での日米独を中心にした生産性国際比較研究を行うことになった。ポイントは「日米独のどの産業が生産性上昇率に寄与しているのか、していないのか」「生産性の成長を促進する国や業界に共通する特徴、政策、規制などはあるか」などだ。研究1年目の2019年は、日米独を対象とした「国別・産業別生産性国際比較」と、生産性の分子（付加価値）改善に影響を与える「R&Dと生産性」に関しての研究を行った。研究2年目は、同じく分子改善のために重要な「人的資本投資と生産性」「イノベーションの質と国際協働～日本からの洞察」について研究を行った。研究内容は第3章および第5章で詳述する。

マクロの生産性向上には企業レベルでの活動が重要

　2つ目のパートナーはコンファレンスボードである。この組織は1916年設立の非営利の民間シンクタンクで、米国および世界の経済動向分析・予測、企業の経営分析に加え、経営改革支援や人材育成に関する実践的なコンテンツを提供しているユニークな組織だ。コロナ禍においても、複数シナリオで経済予測を立て、世界40カ国以上の経営者を対象に意識調査「世界経営幹部意識調査（C-Suite Challenge™）」（日本生産性本部は、2018年からリージョナル・パートナーとして参画）を実施するなど積極的な発信を行っている。

　コンファレンスボードのチーフエコノミスト兼上級副社長（当時）であり、われわれのカウンターパートのバート・ヴァン・アーク博士は、世界の生産性研究の権威でもある。彼は「米国では2000年代の雇用増をともなわない生産性上昇局面がその後の上昇率低迷局面につながってしまった」と述べ、資本投資（設備投資など）に加え、人的資本投資による働く人々のスキル向上が生産性上昇には重要であることを示唆した。その上で、「マクロの生産性向上にはミクロレベルの活動、すなわち企業レベルでの活動が重要であり、コンファレンスボードでは、「イノベーション／デジタルトランスフォーメーション」「エンゲージメント」など、企業が取り組みやすく生産性向上につ

写真2-5　バート・ヴァン・アーク　コンファレンスボード　チーフエコノミスト兼上級副社長
　　　　（現在、英国マンチェスター大学ビジネススクール教授、生産性研究所所長）

ながるテーマを掲げ、企業幹部を巻き込んで調査や協議会活動を実施している」と述べた。コンファレンスボードとは、ヴァン・アーク博士に加え、世界経済と生産性やイノベーション研究を管轄しているアタマン・オジルディリム博士のほか、多くの幹部の方々と協働し、「世界経営幹部意識調査」などミクロレベルでの生産性国際比較調査や、日米企業経営者が生産性をテーマに対話を行う国際会議「生産性ビジネスリーダーズ・フォーラム」(Business Leaders Forum on Productivity、ニューヨーク)などの活動を連携して実施することになった。

　このようにして、理念、目的を共有した2組織と前出の生産性経営者会議を母体として生産性課題解決に向けた国際連携活動が始まった。

　生産性経営者会議は実態把握と将来の活動の方向性を定める「国際比較調査」、生産性向上の主役である経営者が対話を行った結果を共同宣言として発信する「国際会議」、互いの学びを実践するための「交流活動」を3本柱とし、各活動を相互に関連させ、生産性課題解決に向けた議論がスパイラルアップするよう活動を推進している。例えば、コンファレンスボードと共催した上述の国際会議において、国際比較調査を行ったブルッキングス研究所のベイリー博士が基調講演を行い、生産性課題の投げかけを日米経営者に行っている(第4章でこの会議について詳述しているので参考にされたい)。

　さらに上記米国パートナーに加え、ドイツの3組織とも連携を始めた。ドイツのインダストリー4.0のコンセプトメーカーであるドイツ工学アカデミー(acatech)や、経営者・学識者・政府をメンバーとし、学際的かつ国際的なプラットフォームであるミュンヘナークライス、日独の産業の結節点である日独産業協会ともネットワークを構築し、経営者対話や調査研究についてその活動を開始している。議論を重ねるとともに戦後の荒廃から立ち直った日本とドイツは、日本と米国以上に似通っている事実が多くあることにあらためて気付かされた。国土面積もほぼ同じで、人口動態を見れば少子化、高齢化が進んでいる。また、GDPが世界3位(日本)、4位(ドイツ)の経済大国という点を少し掘り下げただけでも類似点が見つかる。例えば、両国とも企業数は300万社台であり、その構造は99%以上が中小企業である。さらに、産業の強みとしては製造業が1/4程度(GDPシェア)を占め、自動車、電機などでグローバルに存在感を持って活動する有名企業が多い。またITなどで

は米国の後塵を拝しており、自国の強みを活かした今後の方向性を探りつ
つ、国家戦略としてのインダストリー4.0やSociety 5.0といったコンセプト
を掲げていることなどだ。社会経済の共通課題を持つ国同士の経営者による
対話は、質の高いそれぞれの気付きを多く得る機会となるのではないだろう
か。

（宮坂　敦）

第 3 章

CHAPTER：03

「日本の生産性上昇率の低迷」を
国際比較の観点から考える

　OECDによると、新型コロナウイルスの影響により、日本の2020年の実質経済成長率はマイナス4.7％と大幅に落ち込んだ（図表3-1）。米国はマイナス3.5％、ドイツもマイナス4.8％と予測されており、感染が今後も続けばこうした状況が長期化することも懸念されている。

　2021年度の経済見通しをみると、米国やドイツの経済成長率が回復する傾向がみられるものの、日本はワクチン接種の遅れもあって経済の復調が遅れている。

図表3-1　2020年の実質経済成長率

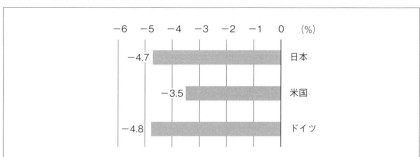

出所：OECD.stat 5月公表値

　コロナ収束後、早い段階で経済を成長軌道に乗せるには、消費活動の回復とともに生産性向上が欠かせない。経済成長と発展の基盤は生産性にあるためである。しかし、米国をはじめとする先進諸国の生産性の上昇ペースは、コロナ禍を別としても近年になって鈍化し続けており、「生産性スローダウン」と呼ばれてさまざまな議論がされている。

　この「生産性スローダウン」の要因としては、

① 2000年代に生産性向上を牽引したICT（情報通信技術）による効果が剥落してきた。
② 生産性向上を牽引する大きなイノベーションが枯渇してきた。
③ シェアリングエコノミーやデジタル化により、これまで付加価値を生んできた経済領域が無料で使えるようになり、付加価値を生み出せなくなってきた。
④ 全く新しいサービスが生まれているが、経済統計にまだ反映されて

　いない。

といったことが指摘されている。

　新型コロナウイルスによる経済への影響は、現段階では測り知ることが難しいものの、生産性がスローダウンしたままでは、人口減少傾向に歯止めがかかっていない日本においても経済の持続的な成長や発展は望めない。

　日本生産性本部の「労働生産性の国際比較2020」によると、日本の労働生産性水準はOECD加盟37カ国で21位にとどまり、G7諸国の中でも最下位が長年にわたって定位置になっている[7]。こうした状況を打開するためにも、低迷する労働生産性上昇率を加速させる取り組みが重要だ。

1	米国の生産性水準にキャッチアップできたドイツとできなかった日本

　日本の労働生産性上昇率はなぜ低くなったのだろうか。こうした疑問に答えるものとしては、ブルッキングス研究所が日本生産性本部の支援を受けて2019年に行った日米独の生産性比較研究がある[8]。この研究によると、ドイツは1990年代初頭に米国にキャッチアップを完了したが、日本はいまだキャッチアップできておらず、近年になって米国との格差がさらに拡大している（図表2-6参照）。

　日米独の労働生産性上昇率の長期的なトレンドを見ると、1985年から1995年の10年間では日本の上昇率が最も高かった（図表3-2）。しかし、その後の日本の労働生産性上昇率は長期低落傾向にあり、2004年から2016年で見ると日米独で最も低くなっている。2000年代に入って労働生産性上昇率がスローダウンするのは日米独共通の傾向だが、日本の落ち込みが最も大きい。

　近年、日米の労働生産性格差が拡大したのは、これまで米国の景気拡大が続いてきたことや法人税減税によって米国の企業投資が拡大していることに加え、①2004年以降、設備などに代表される資本投資が落ち込んだこと

図表3-2　米国・ドイツ・日本の労働生産性上昇率

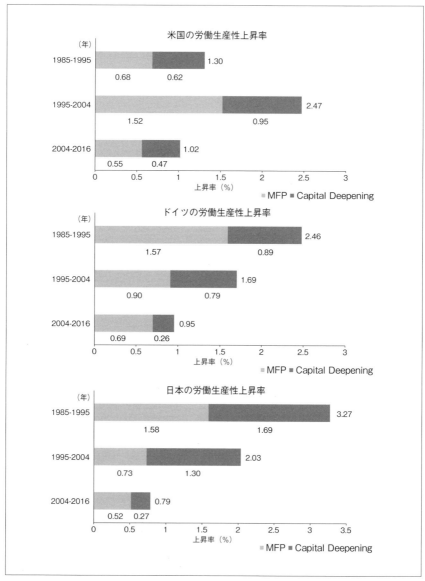

出所：ブルッキングス研究所「Productivity comparisons: Lessons from Japan, the United States, and Germany」

※ OECD Productivity Statistics をもとにブルッキングス研究所が作成。MFP：全要素生産性寄与 Capital deepening：資本深化（設備投資）による寄与

と各種の技術進歩を表す全要素生産性上昇率がスローダウンしたこと、②労働生産性水準が米国より低い電気機械や貿易などの分野で、生産性の上昇率も米国を下回っていたことが主な要因と指摘されている。

　ブルッキングス研究所のマーティン・ベイリー博士の指摘によると日本の課題は、何よりまず先行している米国やドイツの生産性水準にキャッチアップすることである。昨今の日本の経済パフォーマンスは投資に弱点があり、物流などをはじめ、資本投資が生産性に寄与しにくい分野も少なくない。こうした分野に対する投資の障壁をなくしていくことが重要だ。投資の弱さは、中国が製造業で手ごわい競争相手になったことなどさまざまな理由が考えられるが、1990年代後半の金融危機にともない、低パフォーマンスの企業（ゾンビ企業）を存続させたことで（経済の新陳代謝を日米独で比較すると起業・廃業とも日本は概ね米国の半分程度、ドイツの2/3程度と少ない）、強い企業や新興企業への融資が減った可能性がある。成長企業への投資を増やすためのインセンティブをうまく設定することも、資本投資効果の向上に結びつくと考えられる。

図表3-3　製造業における全要素生産性上昇率比較

	米国	ドイツ
食品、飲料、たばこ	−0.7%	1.9%
織物、衣料、皮革	0.8%	1.3%
木・紙製品、印刷	0.6%	2.7%
石炭、石油精製	−3.5%	-
化学・医薬	−2.3%	1.2%
ゴム・プラスチック、非鉄金属	−0.2%	1.7%
非鉄金属	−0.8%	-
金属	0.1%	0.9%
機械機器	4.2%	1.5%
輸送用機器	1.9%	3.8%
家具、その他	0.7%	0.6%
製造業全体	0.7%	1.9%
	（2004年-2016年）	（2004年-2015年）

出所：ブルッキングス研究所「Productivity comparisons: Lessons from Japan, the United States, and Germany」
※ OECD STANデータベースに基づき計算。
※ドイツは非鉄金属がゴム・プラスチックとともに分類されている。

　ベイリー博士は、以下も指摘する。米国の労働生産性水準へのキャッチアップに成功したドイツを見ると、シリコンバレーに匹敵するようなハイテクセクターがない点では日本と変わらない。しかし、ドイツでは製造業の生産性上昇率が2004年以降、米国を着実に上回っている（図表3-3）。これは、マイスター制度などの職業訓練に多額の投資をしていることが要因の一つと考えられる。こうした人材育成に関する取り組みは、日本も積極的に取り入れるべきだ。

　日本の人的資本投資は、1990年代をピークとして、長期的に漸減する傾向にある。特に、サービス産業では人的資本投資の減少が止まらない状況が続いている。日本では、人は財産とする考え方を持つ企業が少なくないが、このままでは付加価値を創出してくれる優秀な人材を十分に生み出すことが難しくなりかねない。特に、デジタル化の進展などにともない、市場における競争のあり方が大きく変化しつつある。そうした中で、企業の競争力を支える人材をどう育成していくのか。日本の企業経営者は、今日的な経済社会環境に適応した人材育成のあり方を見つめ直すことが求められている。

　また、日本企業における人事制度をはじめとした雇用慣行も再考する必要がある。例えば最近議論が始まった「ジョブ型」（ジョブディスクリプションを基軸に仕事をし、その成果を処遇に結びつける働き方）についても、日本企業の特性を十分考慮しながら能力開発の視点も入れるなど、従来の働き方とハイブリッドさせることも含めて早急に検討すべきだろう。

2　多くの産業で米国を下回る日本の生産性

　労働生産性上昇率の低迷という現象がいかなる理由によるものであるのかを考える上では、産業別に動向を分析していくことも重要だ。こうした視点についても、ブルッキングス研究所が分析を行っている。

　OECD構造分析統計（STAN）データベースをもとに日米の産業別労働生産性上昇率を比較すると、多くの産業において米国の労働生産性上昇率が日

図表3-4　日米産業別労働生産性上昇率比較

	1995-2004年		2004-2016年	
	米国	日本	米国	日本
農林水産業	5.8%	2.0%	3.4%	1.4%
鉱業・採石業	−0.3%	4.0%	2.2%	−7.1%
製造業	6.1%	3.3%	1.9%	2.4%
電気・ガス・水道業	0.5%	2.5%	−0.7%	−3.5%
建設業	−0.7%	−1.2%	−1.1%	0.9%
卸売・小売業	5.1%	2.0%	1.0%	0.4%
運輸・保管業	1.6%	−0.3%	−0.1%	0.8%
情報・通信業	4.1%	5.5%	3.9%	−0.2%
金融・保険業	4.1%	1.1%	1.3%	0.3%
不動産業	0.7%	1.6%	2.0%	0.3%
専門・科学・管理サービス業	1.5%	3.8%	0.6%	1.7%
地域・社会・対個人サービス業	−0.2%	−0.1%	0.1%	−0.5%
民間事業部門	3.4%	2.2%	1.1%	1%

出所：ブルッキングス研究所「Productivity comparisons: Lessons from Japan, the United States, and Germany」
※ OECD STANデータベースに基づきブルッキングス研究所が計算。

本より高いことが分かる（図表3-4）。

　特に、「生産性スローダウン」が顕在化するようになった2004～2016年を見ると、日本の労働生産性上昇率が米国を上回ったのは、製造業、建設業、専門・科学・管理サービス業のわずか3つの産業のみであった。

　第二次世界大戦後の経済成長は、最高水準の技術と生産性を持つ米国のベストプラクティスを各国が積極的に取り入れ、各国の生産性が一定の水準へと収束していく「キャッチアップ仮説」で説明されることが多い。「キャッチアップ仮説」によると、米国とそれに追いつこうとする国の生産性水準の差が大きいほど、先行する技術やノウハウを導入する余地も大きいため、より急速な生産性上昇が起きるはずだという。1960年代～1970年代にかけての日独の成長は、まさにそれを裏付けるものといってよい。しかし、労働生産性水準で見ると、1990年代に米国へのキャッチアップを完了したドイツに対して、日本はキャッチアップできないまま現在に至っている。

　もちろん、日本の労働生産性が米国の水準に到達していないといっても、産業分野によって状況は異なる。図表3-5は、日本の各産業の労働生産性上昇率を米国と比較したものである。横軸に1994年の米国の生産性水準をゼロとした購買力平価（PPP）換算による当時の日本の水準を、縦軸に1995～

図表3-5　日米の産業別労働生産性水準と上昇率

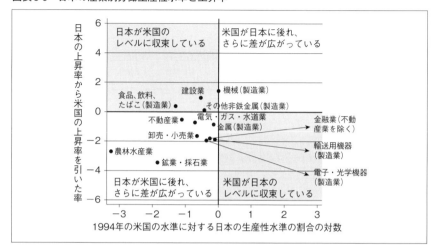

出所：ブルッキングス研究所「Productivity comparisons: Lessons from Japan, the United States, and Germany」
※水準比較に当たっては、オランダ GGDC データベースの産業別 PPP レートを使用している。

2016年にかけての日本の産業別生産性上昇率から米国のそれを差し引いた率をとっている。図を概観すると、米国の生産性水準にキャッチアップしつつある産業もあるものの、生産性が米国より低いだけでなく格差が拡大しつつある産業も少なくない。

　図表3-5を中央に接する縦線と横線で4分割すると、日米の生産性水準が収束する方向に向かっているのは、左上と右下の象限の分野である。右下は、日本の労働生産性の方が高く、米国の労働生産性上昇率が日本より高くなっていて日米の生産性水準が収束しつつある領域であり、該当する産業分野は存在しない。一方、左上は日本の生産性水準が米国より低いものの、労働生産性上昇率は米国よりも高くなっているため、日米の生産性水準が収束に向かっている領域である。ここには、建設業や食品、飲料、たばこなどの産業が当てはまる。

　しかし、農林水産業、鉱業・採石業、卸売・小売業、不動産業、金融業といった多くの産業は、左下に位置している。これは、日本の生産性水準が米国より低いだけでなく、労働生産性上昇率も米国より低い状況にあり、日米の生産性格差が拡大する傾向にあることを示している。こうした分野が数

多く存在することが、日本の労働生産性が米国にキャッチアップしきれていない要因の一つになっている。

　また、ブルッキングス研究所は、日米の生産性水準が分野によって収束に向かわない原因として、日本企業における研究開発戦略の有効性や日本の研究開発政策のインセンティブに懸念を示している。日本における資本投資の弱さも指摘しており、「日本の喫緊の課題はキャッチアップの完了である」と結論付けている。

　また、日本の生産性向上を妨げている原因として、他にも研究開発戦略や資本投資の問題に加え、規制や貿易障壁の多さ、イノベーションやデザインの弱さ、中小企業の生産性の低さ、人材育成上の課題などを指摘している。

　特に、2004〜2015年の輸送機械の労働生産性上昇率を見ると、ドイツ（4.5%）が米国（2.3%）を大きく上回った理由として、BMWやメルセデスベンツ、フォルクスワーゲンといったドイツ自動車メーカーによる1990年代〜2000年代の教育訓練投資が米国よりはるかに大きかったことが影響しているのではないかと指摘しており、生産性向上を進める上で人材育成の重要性に触れている。日本も、米独の生産性水準へのキャッチアップをはかるにあたって、こうした指摘に耳を傾ける必要があるように思われる。

---

3 ｜ 無形資産創造の原点である人材への投資を

　多くの企業人にとって、日本が生産性を向上させるには人材育成が欠かせないという意見に異論はないだろう。これまでも、人材重視は日本企業の強みの一つであり、人材育成に力を入れていると認識する企業は数多い。しかし、人材育成投資は減少傾向が続いているのが実情である。日本の人材育成（OFF-JT）投資は、1990年代にピークを迎え、その後漸減傾向にある。製造業は、2000年代半ばと2010年以降にやや回復に転じているものの、サービス産業は1990年代前半から減少傾向に歯止めがかかっていない。これは、教育機会が相対的に少ない非正規雇用の比率が上昇していることなども背景

にあるが、日本企業がこれまで強みとしてきた人材を育て上げる取り組み
が、少なくとも費用面では減退する傾向にあることを示している（図表3-6）。

　国際的に見ても、日本の人材育成投資は低水準（対 GDP 比）にとどまって
いる（図表3-7）。学習院大学の宮川教授らによる推計によると、日本の人材
育成投資（能力開発費）の GDP 比は0.5％を下回っており、米国の2％前後や
ドイツの1％強の水準を大きく下回る。しかも、米国の能力開発費（対 GDP）
が1990年代から2％前後で大きく変わらないのに対し、日本は漸減傾向にあ
る。人材への投資がそもそも少なく、さらに減少傾向が続く現在の日本の状
況は、生産性向上の基盤を揺るがしかねないと言わざるを得ないだろう。経
営者にはこのような事実を確認し、人材育成の必要性を強く意識することが
求められる。

　もちろん、統計的に見た日本の人材育成投資の現状は、企業による認識
と乖離する部分があるといった意見も散見される。実際、人材を自社の最大
の資源と見なし、手厚い人材育成体制をとる企業も少なくない。しかし、人
事部主催の教育研修費用こそ把握しているものの、事業部実施の研修や各種
の OJT に相当する研修、研修に関連する旅費などに至るまで完全に管理す
ることは難しいことから、人材育成投資総額を十分に把握できている企業は
少ないのが現状だ。また、人材育成の投資効果に関心が高いが、十分な効果
測定ができていないと認識する企業も多い[9]。

　人材への投資は、企業の生産性を向上させる上で不可欠であることは言
うまでもない。日本でも人材の流動性が高まりつつあることに加え、高度な
専門性を持つ人材がこれまで以上に必要とされるようになるなど、企業の人
材育成を取り巻く環境が大きく変化しつつある。とはいえ、デジタル技術を
効果的に活用したり、さまざまなイノベーションを起こすにしても、そのた
めの原点はあくまでも「人」であり、人材への投資なくして継続的な生産性
向上はあり得ないことを念頭に置くことが重要であろう。

（木内　康裕）

図表3-6　日本の人材育成（OFF-JT）投資額の推移

出所：日本生産性本部「生産性白書」（2020）。学習院大学宮川努教授・滝澤美帆教授・一橋大学大学院
　　　宮川大介教授により作成。

図表3-7　GDP（国内総生産）に占める企業の能力開発費の割合

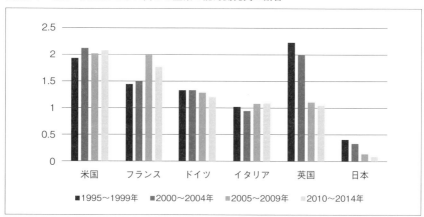

出所：厚生労働省「平成30年版労働経済の分析」
※内閣府「国民経済計算」、JIPデータベース、INTAN-Invest databaseを利用して学習院大学宮川努教
　授が推計したデータをもとに作成。
（注）能力開発費が実質GDPに占める割合の5カ年平均の推移を示している。なお、ここでは能力開発
　　費は企業内外の研修費用などを示すOFF-JTの額を指し、OJTに要する費用は含まない。

〔注〕

7　日本生産性本部「労働生産性の国際比較2020」

8　本章は、日本生産性本部の支援により刊行されたブルッキングス研究所「Productivity comparisons: Lessons from Japan, the United States, and Germany」に基づくものである。詳　細　は、https://www.brookings.edu/research/productivity-comparisons-lessons-from-japan-the-united-states-and-germany/を参照されたい。

9　日本生産性本部「日本企業の人材育成投資の実態と今後の方向性」生産性レポート Vol.17（2020年）

第 4 章

CHAPTER：04

日米経営者対話からの学び

　前章までは、日本が抱える生産性課題を提起するとともに、その原因について生産性国際比較研究をもとに考察してきた。ここでは2019年4月にニューヨークで開催した国際会議「生産性ビジネスリーダーズ・フォーラム」（Business Leaders Forum on Productivity、以下 BLFP）について紹介したい。この BLFP には日米の経営者ら16名が集い、生産性向上のために経営者がどのような役割を担い、行動すべきかについて対話型で議論した。

　BLFP は、コンファレンスボードと日本生産性本部が共催で実施した。その目的は、生産性向上の主役たる経営者が①生産性向上に関する「相互の学び」を得ること、②対話経験や学びをそれぞれの立場で「発信」すること、③自社における戦略構築の参考にすること、の3点である。

　経営と生産性を考える上で欠かせないのは、DX（Digital Transformation、以下 DX）である。BLFP を企画した2018年当時は AI、IoT、ロボティックスなどの新テクノロジーが注目され、さまざまな分野で実験や実証が行われ、部分的だが少しずつ実装され始めていた。

　また、第8章で少し触れるが世界中でこの領域の研究が進むにつれ、「中間的スキルの価値減少」「賃金低下」、ひいては「大失業時代の到来」といった負の側面も強調されていた。

　われわれは、新テクノロジーと生産性との関係のポジティブな面を評価しながら、このデジタル変革の時代に、日米両国が停滞する生産性上昇率をどう改善するかという本質的な課題を会議の中心に据えることにした。具体的には「デジタル技術をイノベーションにどのように結び付ければ生産性を上げられるのか」「生産性向上に欠くことができない働く人々のスキルと能力を、どうすれば効果的に活用できるのか」「顧客や社会のニーズと期待にどう応えていくことができるか」など、生産性の分母改善（労働投入量の削減）ではなく、分子改善（付加価値の向上）に向けた課題である。そしてテーマを「デジタル社会における経営と生産性〜求められる経営改革と社会的視座〜」とした。少し横道に逸れるが、副題にある「社会的視座」についてわれわれのステレオタイプ化した米国の価値観からすると激論になることを予想したが、そのようなこともなく両国ともに同じ価値観であった。持続性や社会性は先進国で共有できる価値なのだと対話して認識することができた。テーマを深掘りする上で、経営者の役割と行動について対話する際に「働き方や仕

事の概念を変えてしまうデジタル変革の時代において、どのように組織を変革させ、生産性向上を実現することができるか」「このデジタル変革の時代にどのような人的資源が最も必要とされるのか」「企業は重要な社会課題に応えることで新たな価値を創造できるか」「企業は生産性向上の成果を持続可能な成長の基盤に結実させることができるか」の4点の問いを考えた。

1 ┃ デジタル変革を成長の機会に

　会議は、共同議長を務めた茂木友三郎・日本生産性本部会長、コンファレンスボードのプレジデント兼CEOであるスティーブ・オドランド氏の冒頭発言で始まり、第1セッションでは、マッキンゼー・グローバル・インスティチュートのヤーナ・レメス氏がモデレータを務め、「デジタル社会における生産性向上への経営者のチャレンジ」をテーマに対話を行った。このセッションではデジタル技術という突破口が開かれたにもかかわらず、それが生産性の大幅な上昇につながっていない理由などについて活発な議論が行われ、デジタル技術を活用し、生産性向上に必要なイノベーションを起こすために

写真4-1　（左）茂木友三郎・日本生産性本部会長と
　　　　　　　コンファレンスボード　プレジデント兼CEOのスティーブ・オドランド氏
写真4-2　（右）第1セッションのモデレータを務めた
　　　　　　　マッキンゼー・グローバル・インスティチュートのヤーナ・レメス氏

は、組織・ビジネスモデルの見直しが急務であることを日米の経営者が確認した。またデジタル技術を活用するのも人であることから、「人材」の重要性に焦点が当てられ、これまで以上に働く人々を尊重し、育成していくことが重要であるとの認識で日米が一致したことは、経営における人材育成が最優先課題であることを裏付けた。そして「社内の」労働力だけではなく、これまで焦点が当たりにくかった従来の雇用形態の外にあるフリーランスなど組織外の労働力も教育・訓練し、活用していく必要があることも議論され、「社外人材」に注目する点が新鮮だった。その要点は以下である。

- インダストリー4.0の本質はデジタル変革であり、経営者は潜在的成長の機会として捉えるべきである。
- 企業は顧客とオンラインでつながることで、ニーズに応える質の高い製品やサービスの提供が可能となったが、他方で顧客と密接につながった新規参入者の想定外の挑戦に直面している。
- デジタル変革は業界の垣根を破壊し、企業に新陳代謝を促進させ、視野の拡大と革新的なソリューション提供を迫る。
- デジタル変革を成長機会とするため、ビジネスモデルを見直したり、

写真4-3　第2セッションのモデレータを務めた
　　　　経営共創基盤代表取締役CEO（当時）の冨山和彦氏

自社にはない強みを持つ外部パートナーとエコシステムを確立したりするために、業務プロセスの変革をしなければならない。
- デジタル変革は働き方と仕事の概念を変えるため、働く人々のスキル、知識、能力が変わるとともに組織も変わらなければならない。
- AIの高精度で迅速な問題解決能力と、人間の想像力・創造力との相乗効果を発揮させる。
- 生産性向上には人的資本と技術への投資が重要。技術を活用するのも人材であるため、エコシステムにおける社内外の人材育成投資が特に重要だ。
- 「売り上げ・利益の増加とコスト低減」に重点を置く経営から「イノベーションと生産性」に重点を置く経営に変革させるべきだ。

続く第2セッションでは、経営共創基盤の冨山和彦氏をモデレータとして「これからの生産性基盤〜持続可能な社会を実現するための経営者の行動」をテーマに対話した。

ここでは、「社会」に目が向けられ、日米ともに格差が広がっている現状とその原因について議論した。生産性が向上し、人々がより熟練した仕事に就き、より質の高い製品・サービスを提供し、賃金が上昇するという好循環を促進するために、企業・経営者が長期的な視点をもって、事業を通じて社会課題の解決・改善に責任をもって取り組む必要があるとの認識で一致し、多様なステークホルダーを重視する考え方が示された。以下がその要点である。

- デジタル化、規制緩和、グローバル化、人口動態の変化により、「生産性が向上し、人々がより熟練した仕事に就き、より質の高い製品・サービスを提供し、賃金が上昇する」という生産性向上とその成果の公正分配の好循環にさまざまな課題が生じている。
- 好循環は社会に安定（健康、教育、住居、移動、食料、安全、安心、清潔な環境などの成長の源にアクセスできる機会の平等）をもたらす。
- デジタル変革は社会のあり方に対して長期的にはさまざまなプラスの可能性をもたらすが、短期的には失業や格差拡大などの社会課題の要

因となってしまう可能性もある。

● 経営者は長期的視点で、環境や社会課題にまで視野を広げ、社会課題解決を組織の成長機会と捉え、デジタル変革と生産性向上の成果を広範に行き渡らせ、社会的利益を増大させる好循環を促進することが求められている。

● 経営者はデジタル社会のビジョンを創造し、イノベーションとディファレンシエーション（差異化）を基軸とした組織を戦略的に育成していかなければならない。

　この2つのセッションでわれわれがとりわけ印象深かったのは、日米の経営者の考える課題に多くの共通項があったことだ。参加者の一人であるiワーカー・イノベーション CEO のホリー・ハイキネン氏は、日本の経営者が米国の経営者同様に従業員以外の働く人々に着目している点を指摘し、ANAホールディングスの片野坂真哉社長は、日米共に生産性の起点としてヒューマンセントリックを強調している点を指摘した。また、経営共創基盤の冨山和彦 CEO（当時）は、深い議論をすれば日米で課題共有が図れることを、そして、ケリーサービスのカール・T・カムデン前プレジデント兼 CEO は、日米の経営者が一緒に生産性課題解決に取り組む重要性を指摘した。また、経済開発委員会（CED）プレジデント（当時）のバーナード・C・ベイリー氏は、米国で政府を信頼している国民は全体のたった8%である一方、問題解決の担い手として企業に信頼を寄せる国民が70%近くにのぼることを示した上で、「経営者は地球市民、世界市民あるいはそれぞれの国の市民として、一歩進んで責任をとり、全体を前進させるために行動に出ることが求められている」と述べたことは印象深い。帝人相談役の大八木成男氏は、「文化、ガバナンス、政治の違いがあっても、いわゆるキャピタリズムの中の米国と日本はたいがい共通の課題を抱えているということだ」と述べた。

2 ｜ 経営者の行動指針〜日米共同宣言〜

　われわれはこれらの対話結果を閉会後にサマリーとして記者発表し、あらためて日米双方で意見集約を重ねた上で、2019年9月に経営者の行動指針として共同宣言を発表することにした。

　以下がその要点である。

1. 付加価値に着目した生産性経営の実践

　新たな製品やサービス、市場を創造する付加価値生産性向上を重視した「生産性経営」に進化させること。長期的視点に基づき、ステークホルダーの共感が得られるよう、成果を公正に分配すること。

2. 付加価値の源泉である人材価値の最大化

　デジタル技術を活用する働く人々の創造力と応用力こそが付加価値生産性の源泉であり、経営者は、パートナーやフリーランサーを含む社内外の働く人々に積極的に投資すること。

3. イノベーションエコシステムによる顧客価値創造

　需要側の論理で顧客価値創造に取り組むため、組織の枠を超えたエコシステムへの投資、産学・企業間での共同研究などを積極的に実践すること。フィジカル空間とサイバー空間の融合を前提として仕事の再設計を行うこと。

4. 事業を通じた社会課題解決への貢献

　経営者は長期的視点に立ち、デジタル技術などを活用して社会課題をイノベーションや事業の成長機会として捉えること。社会経済の好循環をつくり次世代に引き継ぐこと。

　このように、共同宣言はまず付加価値、すなわち生産性の分子に着目し、それをクリエイトする存在としての人材の価値を上げること、その人材は社内という閉じた世界に限定せず「内外の働く人々」まで広げて投資することや、「デジタルとフィジカルの融合も含めたエコシステム」を活用すること

としている。そして企業は「社会経済の好循環に資する存在」であるとしている。コロナ危機は世界の社会経済に多大な困難をもたらした。一方、テレワークが部分的ではあるものの、新しい働き方として定着しつつあることなどデジタルを活用した企業活動も緊急対策として進んだ。これを機に企業活動をより構造的に捉え直して、DXを推進するべきである。この共同宣言が本質的な企業変革を実行するための行動指針となることを期待している。

（大川　幸弘）

Column

生産性白書におけるこれからの生産性運動

　日本の労働生産性は、これまで米国や欧州の先進的な技術や知識を吸収しながら、上昇率を高め、水準を向上させ続けてきた。しかし、米国の生産性水準へのキャッチアップ・プロセスがほぼ完了したドイツと異なり、日本の生産性水準は現時点で米国の約6割程度にとどまっている。むしろ、1990年代にはおおむね米国の7割の水準であった状況から、このところは日米格差が緩やかながらも拡大する状況にある。

　こうした状況を打開し、今後、日本の生産性が主要国にキャッチアップする水準へと上昇軌道を描くにはどうしたらよいのだろうか。

　一つには、前節でも触れたように日本の課題が生産性水準の低さにあるということだけでなく、2000年以降の生産性上昇率の低迷に焦点を当てる必要があるということである。そして、生産性向上の成果をどう公正に分配するかということにも課題がある。

　生産性を今後どのように向上させていくべきかについては、2020年に日本生産性本部が「生産性白書」として取りまとめている。「生産性白書」では、日本の将来を考える際に生産性向上に取り組むべきことが不可欠であるとした上で、産業界が自由な発想のもとに自ら取り組むことが最も重要であるとしている。そして、政府は産業界が実力を遺憾なく発揮できる舞台を整える役割を果たし、産業界と政府が相互に連携しながら生産性向上に取り組むことが重要としている。

　そして生産性向上のエンジンは、いつの時代であってもイノベーションと人材の強化であり、特に生産性改革の中核課題として以下を挙げている[10]。

(1) イノベーション力の強化

　技術革新は、人間の知的能力を拡張し、人間の高度な価値の実現を目指すものである。我々は、これを通じてかつてない生産性を実現し、かつ新たな市場を創造し、革新的なビジネスモデルを創出することができる。そこでは、イノベーションを通じて高齢化などの社会課題の克服を目指すと同時に、地球環境問題の解決など SDGs の実現を目指す。

生産性の分子にあたる付加価値の増大を図るには技術革新、イノベーションへの投資を抜本的に拡大する必要がある。ベンチャー企業の振興に加え、大手企業は自前主義を脱し、オープンイノベーションの展開を視野に、日本全体が政策の充実、経営力の革新、産官学の協力の展開に向けての取り組みを強化する方策を探究する必要がある。

　人材力の強化は、激しいイノベーション競争に打ち勝つ基本戦略である。人間価値を尊重しつつ、イノベーション実現に向けた企画力、創造力、展開力を高める改善と教育の充実の方策を探る必要がある。

(2) 人材育成投資の拡充

　新技術をイノベーションにつなげるためには、人材への投資が不可欠である。これは製造業だけでなく、生産性が停滞するサービス業においてより有効である。

　人材投資の抜本的拡充は、先端技術分野の人材育成とともに、ビジネスモデルをつくり出していく次世代リーダーを育成することが必要である。また、企業・組織を超えた生涯学習の環境整備も急がれる。学校教育においても、創造的な人材の育成に向け、教育体系の改革が迫られている。人間の基礎能力の形成と専門分野の能力開発を進めるとともに、リカレント教育を充実する必要がある。

　今後は、新しい技術を創出するための創造力と柔軟性、決断力とコミュニケーション力といった「人間力」が基本となる。人間しか持たない能力を研ぎ澄ます教育の充実と未知の分野に挑戦する研究開発の強化が必須である。

(3) 経営革新力の充実強化

　企業の生産性を高めるには、経営力の強化が鍵となる。日本の企業経営をみると、生産現場が強いことは疑いがないが、デジタル化の進展に対応した新たなビジネスモデルをつくり出す経営革新力が米中の先進企業に比べて弱い。それを改革するには、今後、経営革新を強力に進めていく必要がある。内外の経営情報を十分に把握し、将来を的確に予測し、イノベーション力を充実しなければならない。そのためには、経営人材の充実強化が不可欠であ

り、労使の協力が必須である。その際、資金力や経営力の低い中堅・中小企業への支援も欠かせない。

デジタル経済においては、情報の収集、分析、予測の技術が必要であり、そのための高度な企画戦略機能とそれを担う人材の育成確保が不可欠である。とりわけ日本では、ベンチャー企業の活動を促進する必要がある。失敗を恐れない挑戦意欲と緻密な戦略性に富んだ経営者の育成が必要である。

デジタル技術の応用に当たっては、業務の仕組みと同時に事業そのものを変革するデジタルトランスフォーメーションを急速に進めていかなければならない。

(4) 経済の新陳代謝の促進

生産性の低い企業が市場から退出し、生産性の高い企業の市場への参入を促すことは、経済全体の生産性向上につながる要因である。日本は国際比較でみると、開業、廃業の比率が低い。今後、これらをともに高め、希少な人材などの効率的な活用を実現することは、生産性の向上を通じて健全かつ活力ある経済の実現につながるものである。

転職を迫られる人への能力開発支援をはじめ、企業経営者への転廃業やM&Aへの支援などセーフティネットの整備、拡充が必要である。

(5) 働き方の改革

働き方を多様化し、効果的にする環境を整えることは、生産性改善の必須の条件である。他に類をみない速度で進む少子化と高齢化は、労働市場の構造を大きく変えようとしている。これを克服するには、経済の高付加価値化に向けた構造改革が必要である。デジタル経済の進展は、新しい労働環境と創造的な能力開発のシステムを要請する。それに向けて人事労務体系の改革が不可欠である。採用、育成、処遇などの柔軟な対応により、高度専門人材が活躍できる環境整備が必要である。

新型コロナウイルス感染拡大の影響で、大企業を中心に在宅勤務が急速に広がった。テレワークの本質は、自由に時間や場所を選んで働き、生産性を高めることである。毎日、満員電車で通勤せずに仕事ができるテレワークが定着すれば、育児・介護との両立や地方への転出など、働き方の幅が広が

ることになる。

　女性、高齢者、外国人、障害者などの多様な人材が活躍できる環境を整備すると同時に、個人が、それぞれのライフステージに見合った柔軟な働き方を実現する環境を整備しなければならない。個々の働きがいやワーク・エンゲージメントの向上も重要な要素である。多様化する働き方・雇用形態間の均等待遇の確保、働く人の最適配置を促す労働市場の改革も必要である。

(6) 個人の生きがいの追求

　日本においては、世界の先陣を切って人生100年時代が到来する。人々は常に自らの能力を向上しつつ、複線的な人生を生きることになる。一人ひとりが、働き方、学び方、そして生き方を自律的に選択する能力を高める必要がある。

　このため、新しい人生の歩み方を見出すマインドセットを促し、生涯を通じた切れ目のない学び直しの場を改善することにより、個々人が自らのキャリアを選択できる条件を整備すべきである。

(7) 生産性測定の再検討と新たな指標の開発

　デジタル経済の進展にともない、サービス経済の高度化、インターネットを活用した新しいサービスの実現、そしてシェアリングエコノミーの拡充など経済や市場の変化に応じた生産性測定の方法の確立が必要となっている。

　また、消費者余剰など付加価値では捉えきれない消費者、生活者の便益の向上、社会的文化的価値への貢献、SDGsへの貢献など、経済活動を多面的に評価する指標も求められている。

　そこで、デジタル経営の進化や生産性向上の手法の高度化、多様化の度合いを分析、評価する新たな指針が必要になる。生産性の評価を的確に捉え、各国の経済パフォーマンスを総合的に評価、比較するとともに、企業の経営革新力を評価する新たな指標の作成に着手しなければならない。

　こうした視点は、今日的な経済社会の環境制約の中で効果的に生産性向上を持続させる上で欠かせないものと言えるのではないだろうか。

また、生産性向上に取り組み、その成果を公正に分配することを目的としてこれまで取り組まれてきた生産性運動も、今日的な時代環境に適応することが求められることは言うまでもない。生産性運動を進めるに当たっては、①イノベーションを生み出すため、リスクをコントロールしながら果敢に挑戦を続けること、②人間を中心に据え、その価値と能力の向上に取り組み続けることを基本的な考え方に置き、「生産性三原則」を指針としてきた。「生産性三原則」とは、生産性向上に向けた諸活動を経営者、労働者および学識者の三者が推進する上での基盤として、

　（1）雇用の維持・拡大
　（2）労使の協力と協議
　（3）成果の公正な分配

を掲げたものである。今後、生産性運動を今日的な価値観の中でも意義深いものとしていくには、この「生産性三原則」も新しい時代環境に適応することが欠かせない。このような考えから、「生産性白書」では、生産性三原則の今日的な意義を以下のように整理している。

（1）雇用の維持・拡大

　これからの人口減少社会において重要となるのは雇用、とりわけその質である。つまり人間の価値と能力を高める仕事の創出が重要であることを確認する。働く者は、それぞれ能力の伸長と発揮ができ、納得できる処遇が得られる働き方を選択できる社会を目指す。

　経済のグローバル化にともない、雇用の範囲は国内にとどまらない。第四次産業革命とデジタル経済の進展は、市場と産業の既存枠組みを融解し企業の盛衰を問いかける。働く者が、自らのライフキャリアを自律的に発達できる環境整備が必要である。

（2）労使の協力と協議

　今後とも経営と労働の信頼関係が生産性改革の基盤である。生産性運動は、これまでも技術革新とイノベーションに積極的に向き合い、人間尊重の

理念のもとで経営と労働が協力・協議して、その時々の課題を解決してきた。その重要性は今後も変わらない。デジタル化、グローバル化が進み、就労形態が多様化する中、産業・企業の枠を超えた経営と労働の協力と協議の充実の必要性を確認する。

(3) 成果の公正な分配

生産性向上による成果の公正分配は、経済にとっても企業にとっても成長と分配の好循環の礎である。付加価値の持続的な増大の源泉でもある。デジタル経済の進化は、ネットワーク効果により先行企業に収益が集中したり、中間層の雇用や分配を減少させる傾向も指摘されるなど、新たなリスクへの対応が要請される。

多様な働き方への公正な配分、ワークライフバランスや労働時間の柔軟性、新分野への能力の拡充など、賃金以外のことも含め、配分の公正に関わる論点も拡大している。企業には、将来に向けた投資への分配という視点も欠かせない。設備などのハードへの投資とともに、人材などのソフトへの投資こそが、将来の付加価値の源泉である。

一方、今や企業のステークホルダーは、株主、従業員、消費者、取引先、サプライチェーンへ、更には地域社会にまで広がっていることから、成果の公正な分配の必要性を確認する。

これからの生産性向上のあり方を考えるにあたっては、このような生産性運動の今日的意義を踏まえることが重要であろう。『生産性白書』では、こうした考え方をベースにしながら、今後の生産性向上や生産性運動の重要な担い手として経営者を挙げ、デジタル経済の進展など経済構造の変化に対応して、新たなビジネスモデルの創出と経営革新を推進する役割を期待している。

（木内　康裕）

〔注〕
10　資料：日本生産性本部「生産性白書」（2020年）。「生産性白書」で取りまとめを行った「生産性改革の中核的課題」および「生産性三原則の今日的意義」を中心に構成している。詳細は、同書（https://www.jpc-net.jp/movement/whitepaper.html）を参照されたい。

第 5 章

CHAPTER：05

生産性分子改善・改革
～付加価値を高める要件～

1 | 3つの生産性改善・改革アプローチ

　生産性改善・改革には大きく分けて3つのアプローチがある。生産性は産出／投入といった単純明快な分数式なので生産性を高めるには図表5-1のように、①産出一定で投入を減らす、②投入一定で産出を増やす、③投入を減らし、産出を増やす、となる。

　企業における労働生産性をイメージして書くと、投入は従業員の労働時間、産出は付加価値（収入－費用〔人件費及び減価償却費を除く費用〕）のことである（図表5-2）。

　①については、このところ多くの企業が行っている働き方改革の推進による残業時間の削減や有給休暇取得を促進することで投入を減らすことができる。日本の年間総労働時間はかつて2000時間を超えていたが、現在は1600時間程度となった（ドイツはさらに短く、1300時間台、米国は1700時間台である）。労使の努力のかいがあって1990年代初頭に比べると15～16％は削減され、実績を上げたが（いわゆる正規従業員の労働時間はそれほど減っていない）労働生産性の上昇率はそこまでに至っていないのが現実である。有給休暇の取得率もおおむね50％台でとどまっており、ドイツの取得率（ほぼ100％近いといわれている）と比較して見劣りする。組織の現状に照らしながら生産性

図表5-1　生産性改革　3つのアプローチ

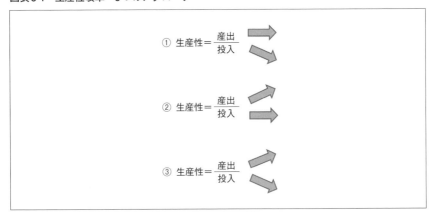

図表5-2　付加価値の内訳

収入（売上高）				
・原材料費 ・部品費 （商品仕入額） ・外注加工費 ・運賃など製造経費	・減価償却費		・賃貸料 　地代・家賃・リース料など ・（支払特許料） ・金融費用（金融収支） 　支払い利息・割引料など ・租税公課 　固定資産税・登録免許税など	・人件費
外部から購入した部分	減価償却費	営業利益	企業運営費	人件費
	付加価値			

　改善・改革はなされるべきだが、投入削減型アプローチの場合、日々の労働時間削減というより有給休暇の取得率を上げるための仕事の仕組みや仕方の改善に注力する方が実効性は高い。またコロナ禍で一般化しつつあるテレワークも今後は考慮しなければならない。参考までに日本生産性本部が定点観測している「働く人の意識調査」によると、「テレワークで効率が上がった人」は、2021年7月発表の第6回調査では50.2％となった。テレワークという仕事の仕方に習熟していると思われるが、構造的に仕事の仕組み改善が行われれば労働時間の見直しのヒントになるかもしれない（もちろんオーバーワークにならないことが重要）。

　また、産業革命時の過重労働を改善するために、19世紀に発想された1日8時間労働制がいまだに基準となっていることも、そのあり方など官民で議論する時代になったと考える。

　さらに、仕事の仕組みと仕方の改善を効率的・効果的に実行するために、業務を構造化してデジタル技術の活用をもって削減することが必至の時代となったことは言うまでもない。このように新技術による労働時間（投入）は大幅に減る可能性が高い。オックスフォード大学のマイケル・オズボーン教授の著した『雇用の未来』以降、さまざまな研究機関から人工知能の発達やロボティクスにより代替されやすい、いわゆる中間スキルの仕事が失われるといった研究結果が発表されている。失業の心配もされたが、産業革命以来、人類の経験からもむしろコロナ禍をきっかけにしてデジタル技術を活用し、単純労働や危険な労働をロボットや人工知能に任せ、本来人間がやるべき付

加価値の高い労働に転換することが重要であり、チャンスでもある。

　結果として労働時間（投入）を大きく減らし、それだけでも生産性向上を図ることができる。大事なのはデジタルに使われる人間をつくるのではなく、デジタルを使う人間を育成するために本格的なリカレント教育を充実させることだ。

　後述するが、ドイツではインダストリー 4.0 の時代を見据えた労働・社会政策のあり方として労働 4.0 といわれるコンセプトを掲げ、その一環として、企業などの職業訓練を推進するために 2019 年初頭に資格取得機会法を施行したことなどは、日本にとっても大いに参考になると思う。

　②については、付加価値をどう上げるかである。これこそ人間が活躍するべきところだ。つまり、提供する商品やサービスの価値を上げて売り上げを伸ばし、費用を削減するといったことを同時に図る「知恵≒想像力と創造力」を出すことに尽きる。日本において商品・サービスの価格を上げるのは、デフレ下や値上げに対してシビアである日本市場において大変難しいばかりか、むしろ企業価値を下げることになるため提供価格に対して顧客価値が損なわれず、顧客の納得性や期待を超えるといったことなどが重要である。しかし、これは容易なことではない。まさに、ここには人工知能にはできない人間の知恵が求められる。デジタルが得意な How（手順・プロセス）の世界でなく、What（目的の明確化）の世界だ。これまでなかったモノやコトの利便性や、楽しみを大きく増大させる新商品・サービスを開発することなどで市場を新たに開発し、売り上げを増加させるための知恵と工夫が必要である。このため、分子改善、付加価値づくりのためには、分母改善以上に人材育成のための投資が重要となる。しかし、前述のとおり、日本は先進諸国に比較して人材投資を怠ってきたといわれている。特に OFF-JT やデジタル教育については見劣りする状態が続いている。そもそも仕事は人間がクリエイトするものだ。OJT は既存の延長線上に事業・業務があれば極めて有効な教育方法だ。しかし、現在のように不連続線上にある場合は普段の仕事では得られない知識や他業界、他職種の人と学び合うことで視野や考え方が広がる OFF-JT は、知恵出しにとってますます重要になる。異質異能に学ぶことが付加価値づくりには欠かせない。これこそダイバーシティだ。他者（社）を知ることはクリティカルシンキングの基盤でもある。さらにスキルとしてデ

ジタル技術を使いこなすまで学ぶことが重要である。

　例えば、顧客期待を理解するためには行動経済学や心理学などの知識が必要であるし、それをどのように展開するかについては論理的思考力やチームワークのためのコミュニケーション能力が求められる。習得能力を得る機会をつくり、その後の経験によって習熟能力を高めることが大事なのだ。また、消費者の購買行動などビッグデータを活用し、人工知能を用いたマーケティングを図ることで付加価値を上げることなどは、かつての勘、経験、度胸のみを軸に行う業務ではない。一定程度の論理性に基づくことが大事だ。

　費用についてもこれまでの商品・サービスの提供プロセスをデジタル技術活用によって改善することができる。それは、仕事の仕組みと仕方に着目し、無駄なプロセスを発見し、省くことだ。

　③のアプローチが目指すべき最も理想型の生産性改善・改革となるが、これは一番難しい。つまり①の分母改善と②の分子改善を同時に実行するということになるからだ。分母改善・改革で余力を生み出し、それによって分子改善・改革の力とするのだ。改善・改革のストーリーが求められる。リアルな組織における生産性改善・改革は、これまで①と②が時間をかけて行き来して実行されてきた。しかし、デジタル化の急速な進展やグローバル化の進化を前提に考えると、これまでのやり方だけでは生産性改善・改革は困難だろう。①と②のアプローチの往復運動を高速化させ、改善・改革にスピードも達成基準として意識すること、そのためには意思決定プロセスを抜本的に見直す必要もあるだろう。

　これらの生産性改善・改革を成し遂げるために必要なことは、デジタル技術を含む設備・研究開発投資と人の育成のための人材育成投資、そしてそれを実現させる経営者の能力と実行力である。そしてさらに重要なのはエンゲージメントを上げることだ。ギャラップ社が行っている「熱意溢れる社員の割合調査(2017)」によると、日本はエンゲージされた社員は6%しかおらず、周囲に不満をまき散らす社員は23%という結果であった。にわかに信じたくない結果だが、残念ながら世界でも最低レベル(139カ国中132位)だ。組織と個人が相互に成長し合う関係性を高めねばならない。まさにダイバーシティ＆インクルージョンを推進することが必要だ。

（大川　幸弘）

2 優先したい分子改善・改革

　これまで3つの生産性改善・改革について述べてきたが、現在の日本企業の生産性改善・改革を考えると、われわれは②の分子改善を優先的に実行すべきと考える。なぜなら付加価値を上げることが企業にとって利益確保はもとよりイノベーション、改善など経営のダイナミズムを維持・向上するためには最重要であり、現在の環境下では喫緊の課題かつ持続的発展のためには不可欠であるからだ。新たな付加価値は、主に新商品・サービス、そして新市場によってもたらされるものであり、イノベーティブ、組織活性化の原点だ。

　これを成し遂げられるのは人間の知恵だけである。付加価値の創出は動き、流れをつくり、社会を活性化させ、人間を成長させるものだ。

　無論、分母改善も人間の知恵が必要だが、日本企業にとって分母改善はお家芸（生産管理、品質管理などの改善技術に代表される）と言ってよいし、通常業務の中で上手に実践することができるので、ここでは意識して分子改善を優先させるべきだと考える。

　また、これからの経済を考えると、これまでより一層破壊的な変化が起こると予想され、企業にも必然的にトランスフォーメーションが求められるとすると、改良型から改革型になる必要がある。イノベーティブであることが重要なのだ。常に動きがある、イノベーションの流れが組織中を駆け巡っているといった活性化している姿・状態を従業員が実際に体感することで知恵が知恵を産み、生産性を向上させ、それがさらに生産性改善・改革の再投資となっている状態が理想だ。分子改善・改革は現在のような不連続性の世の中において最も重要かつ優先されるべきだ。

（大川　幸弘）

3 | 3つの投資の重要性

　経営者がまずすべきことは「3つの投資」である。ここで言う3つの投資とは、「設備投資」「研究開発投資」、そして「人材育成投資」だ。

　この数十年、日本企業は残念ながらこの3つの投資に対して消極的だった、あるいは十分に機能してこなかったと言わざるを得ない。1990年代にバブルが崩壊し、その回復に時間と労力がかかった。その後も約10年おきに経営にとって大きな逆風が吹き荒れ、そのリカバリーに大変苦労した。業績が傷み、それをリカバリーさせるという連続だった。残念ながらリカバリーに追われ、結果としてポジティブでイノベーティブな経営が、ややおざなりになった可能性がある。そしていつしか「羹に懲りて膾を吹く」といった状況になってしまったのではないだろうか。

　これまで世界で評価され、イノベーティブだった日本企業がこの数十年の間にその本質が大きく変化したのだろうか。かつて株式時価総額上位企業はほとんど日本企業が占めていた（1989年当時はベスト10のうち7社、現在はゼロである）。株式時価総額が企業価値のすべてを表現しているとは言わないが、市場の評価尺度としては一つの基準だろう。企業はそもそも社会の困りごとを解決したり、利便性を向上させたり、人々の楽しみや幸福を増加さることでマクロの生産性向上に貢献し、経済の好循環を図る使命がある。そのためにはこの3つの投資を継続的に一定程度行い続け、強化していくことが使命を果たすためには不可欠だ。

　まず設備投資について見てみよう。設備投資意欲も額も大きく減じてはいないどころか、上げ下げはあるもののこの20年を見れば伸びているのだ（図表5-3）。しかし、われわれが驚いたのは2019年の年次経済財政報告のグラフだ（図表5-4）。なんと2010年代の日本は、資本装備率要因（設備投資）が生産性にマイナスに寄与しているのだ。

　「設備投資をしても生産性が低下している」現象である。結果から単純に考えると投資の内容に問題があるのだろうか。要因を推察するに、例えば製造業で言えば、古い機械をメンテナンスする投資を中心にし続けてきたので

図表5-3　民間企業設備の動向

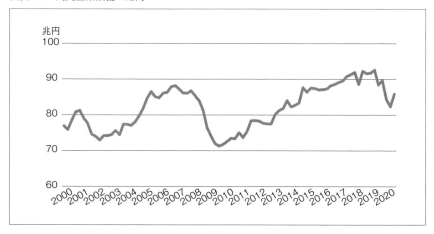

出所：GDP 統計より日本生産性本部作成

図表5-4　実質労働生産性上昇率の要因分解

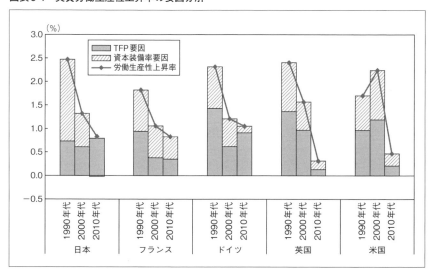

出所：内閣府　「年次経済財政報告」2019年

はないかと思う。近年は工場の国内回帰事例も増えているが、われわれの狭い経験で恐縮ながら言うと、日本の工場の機械とベトナムの工場にある機械を比較するとベトナムの方が新しく、そして性能も高い場合が多かった。日本の工場の機械はともすれば、1980年代に作られたものをメンテナンスして

現場の工夫や改善で稼働させているものが多かった。大企業、中堅企業を中心としたこの20年の海外進出の歴史を見れば、主力工場がベトナムといった例も数多くあるので、日本の工場に投資するのではなく、ベトナム工場に投資した方がその企業の成果は高くなるのは理解できる。しかしその分、日本の技術・技能や生産性は低下することになる。人件費や税制などの比較優位性がそうさせたのであれば、今後はデジタル化によるスマート工場化や新興国の賃金をはじめとした労務コストの上昇、サプライチェーンの見直しなどによって条件は大きく変わるだろう。

　今や日本の主力産業はサービス産業だ（言わずもがなであるが、サービス産業は GDP、就業者数ともに7割を超えるシェアを持つ）。サービス産業は国内中心、内需中心の産業という特徴も持っている。サービス産業は一貫して製造業より生産性は低く、設備投資による改善が生産性向上に必要であり、大きく期待されている。しかし、設備投資額は法人企業統計を見ると、横ばいが続いている（図表5-5）。設備投資の質と量を吟味することが重要だ。

　また、製造業もその利益の源泉は製造組み立てといったモノそのものから開発、企画、デザイン、用途開発（使い勝手）などサービス部門の価値が高く、製造業はもはやモノも作るサービス産業だ。すなわち、サービス産業化

図表5-5　非製造業の設備投資の推移（四半期ベース季節調整済値）

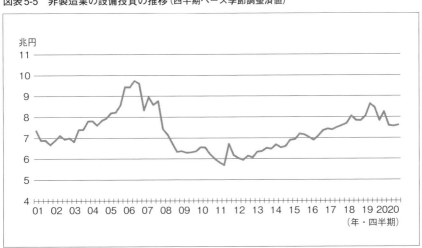

出所：法人企業統計より日本生産性本部作成

した製造業にも設備投資を積極化することで生産性は高まるはずである。

　次に研究開発投資を見てみよう（図表5-6・図表5-7）。日本の特徴は欧米とGDP比率比較で見ると全体としては優位であるが、違いは政府部門の研究開発投資であり、欧米に比較すると劣位だ。つまり投資の出し手は企業であること（全体の8割弱）、そして製造業の自動車、電機、通信、医薬、機械に業種も集中していることだろう。額で見ると米国、中国に次ぐ世界3位、研究者数も3位と上位を占めている。企業の規模別で言うと圧倒的に大企業の投資であり、中堅・中小企業は少ないといった事が概観である。

　研究開発は言うまでもなく競争優位の原点だ。欧米並みに政府が戦略的投資家の立場に自らを変革し、未来の産業のもとをつくらねばならない。日本は研究開発投資を行っている自動車をはじめとした製造業（ミドルテクノロジー）が稼ぎ頭となって国を支えている面が大きいが、ハイテクノロジー産業（デジタル社会をつくる産業群）を早期育成するためには研究開発投資を公共財として考え、政府が積極的に動くことも必要であろう。デジタル技術は全産業に必要なのだ。横串の機能強化という観点での戦略的投資を政府にはこれまで以上に期待したい。

　研究開発上の課題も多い。日本政策投資銀行の調査によると、研究全体のマネジメントや事業化の遅れなどが課題として指摘されている（図表5-8）。さらに本章6節のブルッキングス研究所の指摘にあるように、研究開発の質の問題もある。加えて、本章5節に述べるコンファレンスボードの調査から推し量ると連携不足、連携下手の日本が見えてくる。政府も科学技術基本計画で課題としてオープンイノベーションを挙げている。

　文部科学省「科学技術指標2020」によると、特許については世界的には国際協力関係が強まっている中、日本は主要国で最も低いという結果である。教育についても世界の人々は出身国と異なる地域で高等教育を受けているのに対し、日本では大学生の留学（送り出しと海外からの受け入れ）もさほど多くない。

　また、研究開発の担い手である博士号取得者など高度研究人材活用度が5％未満の産業が圧倒的に多いといったこの領域の課題は多く、未来は決して明るいとは言えない。日本は「グローバルに組織を超えて連携してエコシステムを構築する」ことが苦手なのだ。ダイバーシティ＆インクルージョン

図表5-6　主要国などの研究開発費総額の対 GDP 比率の推移

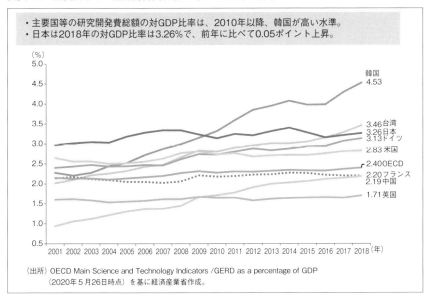

・主要国等の研究開発費総額の対GDP比率は、2010年以降、韓国が高い水準。
・日本は2018年の対GDP比率は3.26％で、前年に比べて0.05ポイント上昇。

（出所）OECD Main Science and Technology Indicators /GERD as a percentage of GDP
（2020年5月26日時点）を基に経済産業省作成。

出所：経済産業省「我が国の産業技術に関する研究開発活動の動向―主要指標と調査データ―」
https://www.meti.go.jp/policy/economy/gijutsu_kakushin/tech_research/shiryou.pdf

図表5-7　主要国などの研究開発費の政府負担割合の推移

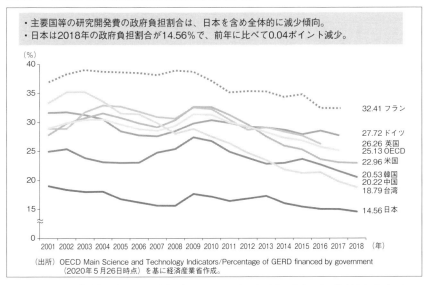

・主要国等の研究開発費の政府負担割合は、日本を含め全体的に減少傾向。
・日本は2018年の政府負担割合が14.56％で、前年に比べて0.04ポイント減少。

（出所）OECD Main Science and Technology Indicators/Percentage of GERD financed by government
（2020年5月26日時点）を基に経済産業省作成。

出所：経済産業省「我が国の産業技術に関する研究開発活動の動向―主要指標と調査データ―」
https://www.meti.go.jp/policy/economy/gijutsu_kakushin/tech_research/shiryou.pdf

図表5-8　研究開発の課題（製造業）

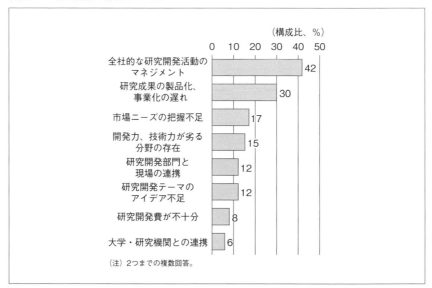

（注）2つまでの複数回答。

出所：日本政策投資銀行「企業行動に関する意識調査結果（大企業）」2017年6月

がうまくできていないこともこの背景にはある。

　最後に、われわれが投資の中で最も重要と考える人材育成投資について考えよう。第3章でも触れたが、人材育成投資額の数値を「生産性白書」で確認したい。1980年代は右肩上がりであったが、残念ながら1991年をピークに減少トレンドになっている。特に非製造業（サービス産業）の減少幅が大きい（図表3-6参照）。海外、特に先進国と対GDP比で比較すると半分以下が続いている（図表3-7参照）。1995〜2004年平均をとるとわずか0.42％、2005〜2015年平均はさらに悪化し、0.37％であり、米国の1.8％、ドイツの2.1％には遠く及ばない。「企業は人なり」「人間尊重の経営」など従業員を大事に育てながら能力を高め、生産性を上げてきた日本企業とは思えない数字である（もっともこの数字はOJTを含まないとか各国とも引用した統計数字が異なることも留意が必要だが、これだけの差を見れば劣位は明らかである。さらにいわゆる非正規労働者の急激な増加も考慮する必要があるが、他国もすべてが正規労働者ではない）。また、日本は以前からOFF-JTではなくOJTを基軸に人材育成投資が広く行われてきたが、時代がこれまでの延長線上でこそ効果を発揮するOJT中心の人材育成を本当に求めているのか、再考が必要だ。われ

われはこれからの事業や仕事はむしろ非連続線上にあり、OJTを偏重した人材育成策だけでは効果的ではないと考えている。ジョブ型雇用の拡大の流れと併せ、OFF-JTこそ注力すべきであると考える。

　企業価値は株式時価総額などで金額的に計測されていることが多い。しかし、近年では無形資産（≒従業員の能力、ノウハウ、ブランド等）の価値が市場での評価を高めている。このことからも企業価値を持続的に高める最も効果的な手段は人材育成投資であることを意識すべきだ。また、以前は賃金と生産性は相関関係にあったが、このところ非相関になっている。労働分配率が下がり、労働者の取り分が相対的に減り、資本の取り分が増えてきている。また、「年次経済財政報告」(2018)では人的資本投資による生産性への効果（弾力性）を定量的に分析しており、「人的資本投資を1人当たり1%増加させると労働生産性が0.6%向上する」と報告がある。大胆に言えば労働生産性を上げる近道は人材育成投資を積極的に行うことだと言っても良いだろう（図表5-9)。

　また昨今のデジタル化対応についても日本企業は人材育成投資において遅れが目立つ。典型的な先進事例として先に紹介したドイツの資格取得機会法について述べたい。

　これはインダストリー4.0を見据えたデジタル化時代の労働・社会政策の

図表5-9　労働生産性に対する人的資本投資額の弾力性

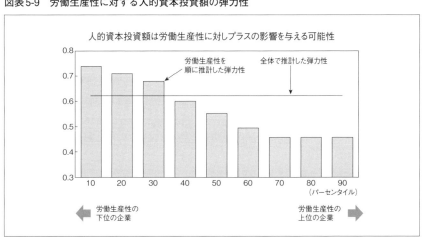

出所：内閣府「年次経済財政報告」2018年

あり方をまとめて発表された「ワーク4.0（労働4.0）」の流れから来るもので、デジタル化、IoT化に向けてのさまざまな教育訓練を提供することが盛り込まれている。簡単に紹介すると、雇用主は従業員を継続的に教育するものとし、国（連邦）は費用の全部、あるいは一部を負担し、助成金を給付することとしている。職業教育訓練は、事業所内外のどちらでも受けることが可能であり、最低160時間以上にわたって実施されることが前提となっている。特に、重要で日本がベンチマークすべきなのは、「デジタル化の進展にともなって業務が代替される可能性がある労働者」「構造改革の影響を受ける労働者」「人材不足職種における職業教育訓練を目指す労働者」が対象となっていることだ。まさにこれこそがリカレント教育ではないだろうか。企業など個別組織が担うのか、政府をはじめとした公的機関が担うのかは別として、このようなOFF-JTの実施はその国の競争力、生産性に直接影響するだろう。スキルのあるなしだけで富める者とそうでない者に分断されるといった社会をつくらないためにも、このような機会は均等に与えるべきであり、このような投資は絶対に必要だ。健全な中間層を維持し、強化することは安心安全な社会をつくるための基盤であり、それは人材育成投資のありようにかかっている。

　設備計画を立て、運用する、研究開発のアイデアを練る、そして実行するのも人である。人材育成は投資であってコストではない。企業価値の源泉、生産性向上の担い手づくりだ。これまでの消極的投資から積極的投資に舵を切る、政府や経営者の意思決定に期待したい。

（大川　幸弘）

4 ｜ エコシステムの確立による改善・改革の高質化

　さて、今や日本企業の弱点と化した3つの投資だが、その上さらに課題になっていることを論じたい。この投資の活用、活かし方には大きな課題が横たわっている。生産性の分子改善・改革にとって重要な要素、オープンイノ

ベーション、イノベーションエコシステムなどのイノベーションの方策だ。「三人寄れば文殊の知恵」ではないが、新しいイノベーションを起こすために他者（社）とのコラボレーションは重要である。詳細は次節のコンファレンスボードと協力して実施した調査結果や第6節のR&Dに関するブルッキングス研究所の指摘を参照されたいが、日本企業、日本人はとにかく他者（社）と一緒に仕事することが苦手のようだ。他者（社）とのコラボレーションにおいて大きく遅れている。特に海外の組織や人と連携しながら進めることができていないのだ。技術進歩の早い現在においてR（研究）の世界はもとよりD（開発）の世界でも、自前主義でいくら素晴らしいものを開発しても、時宜を逃してしまったら、十分なリターンが得られない時代である。

　言うまでもなくイノベーションエコシステムやオープンイノベーションの主役は人間である。多様な組織、多様な個人、異質異能とのぶつかり合いこそが重要で、社内で閉じたサイロ型、たこつぼ型（組織が縦割りで、他事業・部門との連携が取れていない）では投資効果は小さい。経営幹部はもはやかつての自前主義、過去からの延長線上にある変化前提の伝統的組織原理ではなく不連続、多様性を前提にした経営上の意思決定をしなければならない時代になったことを強く認識し、実行に移す時だ。そもそもイノベーションは新結合、知のハイブリッド、知の融合だ。そして新しい視点、観点だ。これは同じような価値観だけからは産まれにくい。他者との知のぶつかり合いこそ重要であり、ここにもダイバーシティ＆インクルージョンが求められる。今こそ知の創造を外国人や女性といった人材を意識して価値観の異なる他者（社）とエコシステムを確立し、実践することが重要だ。

（大川　幸弘）

5　世界の経営者との意識の違いを知る

　本節ではグローバルな視点での調査結果から、経営者の意識の違いについて述べたい。言うまでもなく、他者との違いを認識することは自らの位置

付けを知ることになり、改善・改革のためのベンチマーキングをする上で、極めて重要である。

　この調査は、コンファレンスボードと定期的に実施している「世界経営幹部意識調査（C-Suite Challenge™）」（日本生産性本部は2018年からリージョナル・パートナーとして参画）のうち、「競争に勝つコラボレーション」をテーマに、多様な外部組織とのコラボレーション（連携）などに関して経営幹部の意識を調査（2019年9〜10月に実施）したものである。本調査は、世界45カ国で1520人の経営幹部（うちCEOは740人、日本の経営幹部は235人／CEO 112人）から回答を得ている。地域別では日本15%、米国16%、欧州22%、中国7%、南米28%、その他の地域12%となっている。

　調査結果で浮き彫りになった日本の経営幹部と世界の経営幹部の意識の違いは以下のとおりである。

　日本のCEOのコラボレーションに関する自信度が、世界のCEOと比較して特に低かったのは、「従業員にコラボレーション創出に必要なスキルと心構えがある」「コラボレーション強化に向けて業務や組織の本質を再設計するための専門知識、勇気やコミットメントを持ち合わせている」「コラボレーションを成功させる取り組みを奨励し評価する効果的な報酬制度がある」であった（図表5-10）。

　次に、コラボレーションの相手についてだが、日本のCEOの回答は関連産業セクター、大学、シンクタンク、スタートアップ、政府など、これまでのサプライヤーではない非従来型パートナーとのコラボレーションが「存在しない」が最も多かった。一方、世界のCEOは「コラボレーションを試行中」が最も多く、取り組み状況に差が出ていた（図表5-11）。

　コラボレーションに取り組む目的については、日本のCEOは「新規ターゲット・市場の開拓」が一番多い回答であったが、欧米のCEOは「戦略的成長」であった（図表5-12）。

　そしてコラボレーションに当たっての障壁を見ると、日米欧で共通して「適正なパートナーの特定が困難」「内部体制の欠如」「利益に対して多すぎる投入リソース」が上位回答であった（図表5-13）。ただし、日本で上位である「成果の評価方法が不十分」は欧米では上位に入っておらず、現在、日本において議論されているジョブ型雇用、メンバーシップ型雇用の違いなどが

図表5-10　日本の CEO と世界の CEO のコラボレーションに対する組織の自信度の違い

以下について、現在貴社はどれほど確信をもっていると思われますか？ 1 を最も低い、10 を最も高いとする 10 段階で数字を記入してください。	日本	米国	中国	世界
当社は、非従来型パートナーと外部提携しなくても将来的な成功をもたらす事ができる	4.4	4.5	6.0	5.0
当社のリーダーには現在、効果的な外部コラボレーションを創出するのに必要なスキルと心構えがある	6.3	7.6	6.1	6.9
当社の従業員には現在、効果的な外部コラボレーションを創出するのに必要なスキルと心構えがある	5.1	6.8	6.5	6.4
当社は、コラボレーションを向上させるために、業務のあり方や従業員の規模、特性を再設計するコミットメント、専門知識、および勇気を持ち合わせている	5.6	7.0	6.3	6.7
当社は、漸進的な変化を管理することより、将来的な転換により注目している	6.0	6.3	5.6	6.2
各部署及びビジネスユニットは、自部署またはユニットの成功よりも、組織全体の成功を重視している	5.8	6.8	6.2	6.4
当社には、外部コラボレーションで成功するための取り組みを奨励し評価するための効果的な報酬制度がある	3.4	6.3	5.9	5.6

出所：世界経営幹部意識調査（英語名：C-Suite Challenge™）

図表5-11　非従来型パートナーとのコラボレーションに関する現在の取り組み状況

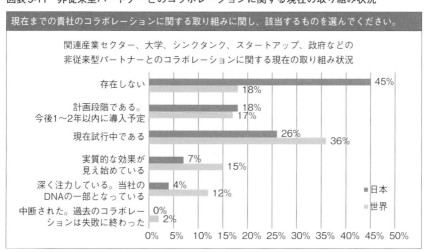

現在までの貴社のコラボレーションに関する取り組みに関し、該当するものを選んでください。

関連産業セクター、大学、シンクタンク、スタートアップ、政府などの
非従来型パートナーとのコラボレーションに関する現在の取り組み状況

- 存在しない　日本 18%／世界 45%
- 計画段階である。今後1～2年以内に導入予定　日本 18%／世界 17%
- 現在試行中である　日本 26%／世界 36%
- 実質的な効果が見え始めている　日本 7%／世界 15%
- 深く注力している。当社の DNA の一部となっている　日本 4%／世界 12%
- 中断された。過去のコラボレーションは失敗に終わった　日本 0%／世界 2%

■日本　■世界

出所：世界経営幹部意識調査（英語名：C-Suite Challenge™）

図表5-12　外部とのコラボレーションに取り組む目的（各地域CEOの上位回答）

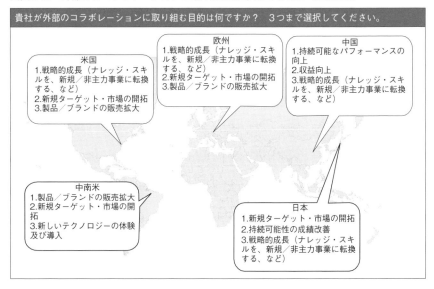

図表5-13　外部（非従来型および競合会社）とのコラボレーションに当たって、
　　　　　障壁となるもの（各地域CEOの上位回答）

要因として推察される。

　また、本調査では「生産性向上のための投資戦略」について、日本の経営幹部（取締役以上）を対象に調査した。

　図表5-14は、生産性向上のために現在、戦略的に投資するなどして重点的に取り組んでいることと今後（3年後）注力したいことを聞いた。現在取り組んでいることの上位は「既存事業の設備・システムの保守・刷新」「RPAなど、デジタル技術活用による業務効率化」「社内でのR&Dの強化」であった。今後注力したいことは「新たなビジネスモデルの構築」「AI／IoTやビッグデータを活用した商品・サービス開発」「他社と共同でのR&Dの強化」が上位であった。

　また、上記投資戦略にともなう組織・人材戦略について、現在、重点的に取り組んでいることを聞いたところ、「ミドル層（管理者・管理職等）の内部育成の強化」「経営理念・戦略の浸透強化のための経営目標・評価軸の策定」

図表5-14　戦略的に投資するなどして重点的に取り組んでいること、
　　　　　今後、さらに注力したいこと（日本の経営幹部（CEOを含む）の回答）

生産性向上のため、現在、戦略的に投資するなどして重点的に取り組んでいることと、今後、さらに注力したいことを、それぞれ3つ選択してください。	現在		今後	
	順位	%	順位	%
既存事業の設備・システムの保守・刷新	1	43%	12	5%
RPAなど、デジタル技術活用による業務効率化	2	28%	6	15%
社内でのR&Dの強化	3	25%	11	8%
ERP（経営資源管理）導入／更新などによる経営の見える化	4	24%	10	15%
新たなビジネスモデルの構築	5	20%	1	38%
AI/IoTやビッグデータを活用した商品・サービス開発	6	18%	2	33%
デジタルマーケティングを通じた顧客開拓／関係強化	7	17%	4	22%
デジタルツールを活用したナレッジマネジメント改革	8	14%	4	22%
ラボ施設など、オープンイノベーション環境の拡充	8	14%	9	16%
自動的な受発注管理など、サプライチェーン改革	10	13%	8	17%
他社と共同でのR&Dの強化	11	12%	3	25%
その他	12	9%	13	2%
スタートアップ企業への投資	13	5%	7	19%

「イノベーションを生み出す組織風土への改革」が上位回答となった（図表
5-15）。これに対して、今後注力したいことは、「イノベーションを生み出す
組織風土への改革」「新たな事業に必要なスキル・人的ネットワークを持っ
ている人材の外部からの調達」「多様な高度スキルや新たな職務に対応する
人事制度改革」の順となっている。

　このように本調査では、日本企業のCEOは世界と比較して外部組織との
連携（コラボレーション）に関する自信度が低く、取り組みも遅れ気味である
ことが分かった。

　また、生産性向上のための投資戦略に関しても、「現在」は現実的な投資
を優先し、「今後」は未来志向の投資といった堅実な態度であることが分かっ
た。現在の投資に対する向き合い方が、図らずも本章で論じた設備が生産性
に寄与していない状況を一定程度説明できる調査結果に思える。さらに現在
取り組んでいることの上位には「社内でのR&D強化」が、そして今後注力

図表5-15　戦略的に投資するなどして重点的に取り組んでいること、
　　　　　今後、更に注力したいこと（日本の経営幹部（CEOを含む）の回答）

前問で回答いただいた生産性向上のための投資戦略にともなう組織・人材戦略について、現在、戦
略的に投資するなどして重点的に取り組んでいることと、今後、更に注力したいことをそれぞれ3
つ選択してください。

	現在		今後	
	順位	％	順位	％
ミドル層（管理者・管理職等）の内部育成の強化	1	40%	9	16%
経営理念・戦略の浸透強化のための経営目標・評価軸の策定	2	37%	12	9%
イノベーションを生み出す組織風土への改革	3	22%	1	39%
権限移譲と組織のフラット化	4	21%	10	15%
多様な高度スキルや新たな職務に対応する人事制度改革	5	20%	3	30%
新たな事業に必要な専門スキル・人的ネットワークを持っている人材の外部からの調達	6	18%	2	33%
意志決定プロセスの明確／透明化	6	18%	7	17%
経営トップ層（取締役・執行役員等）の内部育成の強化	8	15%	8	17%
プロジェクトベースのイノベーション組織の構築	9	14%	6	22%
経営トップへの権限の集中化	10	9%	14	1%
一般職層（スタッフ等）のスキル・能力向上	11	8%	4	27%

したいことの上位には「他社と共同でのR&Dの強化」が挙げられている背景として、調査時点では自前主義のR&Dから脱却しきれていないことが推測される。次節では、研究開発において他国の発明者と開発する国際共同特許（GCP）に関しての研究について紹介するが、この意識調査結果とシンクロする点もあるので参考にしていただきたい。

（宮坂　敦）

6 ｜ 研究開発（R&D）政策への提案

　生産性を向上させるには、これまでもさまざまな方策が提起されてきた。特に前節でも触れたように、生産性を向上させる上では、とりわけ以下の3つの投資が重要な役割を果たす。

　①人材育成投資
　②研究開発（R&D）投資
　③設備投資

　また、経済活動を阻害する規制の緩和や、生産性の高い企業の比重を高めて産業の新陳代謝を進めることも重要視されている。

　本節では、今後、生産性向上を進める上で最も重要な要因の一つと期待されている研究開発（R&D）の現状と今後の方策について掘り下げて見ていきたい。

　ブルッキングス研究所が日本生産性本部の支援を受けていくつかの研究を行っているが、その一つに研究開発（R&D）をテーマとした「イノベーションと先進経済諸国における生産性の低迷〜日本、ドイツ、米国の研究開発傾向比較分析」がある[11]。この研究では、生産性を向上させるには「生産性の高い企業のシェア拡大」に加えて、「企業のイノベーションを生み出すための投資」、特に研究開発や人的資本などへの投資拡大の効果が大きいことを

指摘している。それでは、イノベーションに不可欠な研究開発への投資について、日米独でどのような違いがあるのだろうか。

「数」では上回るが「質」では……

研究開発費（対GDP比）の推移を見ると、日本は2000年代以降も上昇基調にあり、ほぼ一貫して米独より高い水準が続いている（図表5-16）。

また、研究開発の成果指標の一つである特許数（米国特許商標庁、欧州特許庁、および日本特許庁の3つの特許庁すべてに出願された特許ベース）の推移を見ても、日本が1990年代に急激に増加しており、米国を上回る状況にある。米国は2006年以降減少傾向にあり、ドイツは日米を大きく下回る状況が続いている（図表5-17）。

従って、研究開発の成果を登録特許の「数」と捉えると、日本は米独をリードする状況にある。量的な側面で見れば、日本のイノベーションに向けた取り組みは、日米独の中で比較的良好な成果を上げていると言ってよい。

しかし、研究開発の成果をこのような数量的な指標のみで捉えるだけで

図表5-16　国内総生産に対する総研究開発費の割合（%）

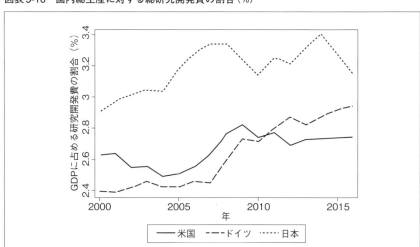

出所：ブルッキングス研究所「Innovation and the transatlantic productivity slowdown」
※世界銀行の世界開発指標データより。

図表5-17　米国・ドイツ・日本での登録特許数

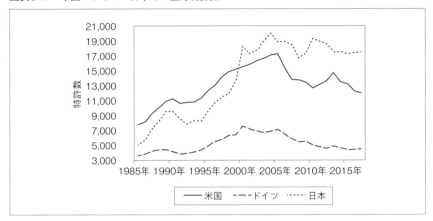

出所：ブルッキングス研究所「Innovation and the transatlantic productivity slowdown」
※OECD特許統計からの発明者の居住国別三極パテントファミリーのデータより。

は十分とは言えない。研究開発の質的な側面を何らかの形で分析することも重要だ。実際、研究開発の成果である特許の「質」で評価すると、状況は大きく変わってくる。

　特許の質をどのように捉えるのかについては、さまざまな方法がある。ブルッキングス研究所の研究では、①「5年以内の特許引用件数」、②「産業へのインパクト」、③「汎用性」、④「技術分野の幅広さ」の4つの観点を特許の「質」を表す指標として分析を行っている（図表5-18）。

　これらの特許の「質」指標をもとに日米独の状況を比較すると、「5年以内の特許引用件数」や「産業へのインパクト」といった指標で見るかぎり、日本はドイツこそ上回っているものの、米国に大きく後れを取っている。また、「汎用性」や「技術分野の幅広さ」の2指標でも、日本はこのところ落ち込みが続いており、米独を大きく下回る状況にある。

　日本はより多くの特許を取ってはいるものの、特許の質的側面をみると対外的なインパクトや幅広い領域への波及効果には米独ほど結び付いていないことが分かる。投資額や特許数といった量を追うだけでなく、研究開発をどうマネジメントし、質の高い成果へと結び付けていくのか、再検討する余地があるということだろう。

図表5-18　米国・ドイツ・日本での特許の品質指数

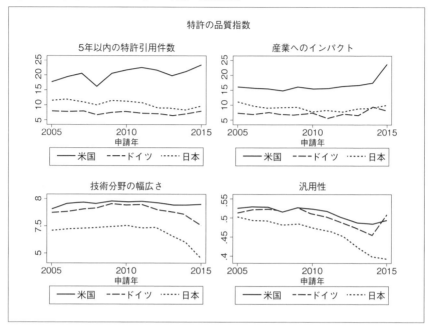

出所：ブルッキングス研究所「Innovation and the transatlantic productivity slowdown」
※ USPTO および OECD 特許品質指標データベースに基づきブルッキングス研究所が計算。

税控除方式中心の R&D 政策の見直しを

　政府の R&D 政策でも、日本と米独には違いがある。米国は補助金方式と税控除方式を2対1の割合で組み合わせており、ドイツはすべて補助金方式である。一方、日本はほとんどが税控除方式となっている（図表5-19）。補助金方式はターゲットを明確にして戦略的に大学や企業を直接助成することができるが、税控除方式は要件を満たせばどのような対象にも適用されてしまうため、テーマや内容を見極めて資金を投下することが難しい。

　生産性向上につながる研究開発を最も効果的に後押しする方法は必ずしも明確ではないが、日本が米国の生産性水準にキャッチアップするには、R&D 投資を税額控除中心に行う現状を見直し、有望かつ効果的な領域を見極め、適切な対象への直接補助金を増やすことも考慮すべきであろう。

　そのためには、日本政府がミッション志向で長期的な視野に立ち、戦略

図表5-19　研究開発への政府資金援助（2016年）

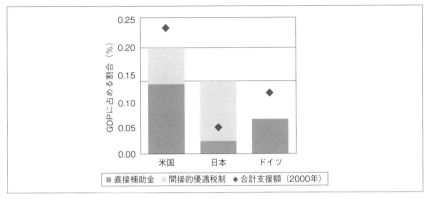

出所：ブルッキングス研究所「Innovation and the transatlantic productivity slowdown」
※ OECD 研究開発税制優遇措置データベースよりブルッキングス研究所作成。

的な投資家の役割を担う必要がある。イノベーションは本質的に不確実でリスクが高いため、積極的にリスクテイクを奨励し、失敗に寛容になることも求められる。そう考えると、2019年に日本政府が革新的な技術開発を推進するために「ムーンショット型研究開発制度」を立ち上げ、5年で約1150億円を投じようとしていることは望ましい方向への一歩と言えるだろう。

日本だけで進めるのではなく、国際的な連携強化を

　日本がR&Dを実効あるものにしていくためには、米国やドイツにはない日本特有の課題もある。ブルッキングス研究所が前節の研究をさらに深掘りした研究によると、グローバルなコラボレーションが米国やドイツよりも少ないことが研究開発の質にも影響していると指摘されている[12]。

　特許には、国内特許と国際共同特許（以下、GCP）があり、一般にGCPは、より品質の高いイノベーションの成果であることが多い。GCPは、発明者グループに属する個人の居住国が2カ国以上であることを意味する。

　この研究では、特許の質について、Bahar and Strauss（2020）に基づく別の指標をベースに分析を行っているが、やはり日本の発明者は米国やドイツの発明者よりも質が低い傾向があると指摘している（図表5-20）。そして、ターゲットを絞ったイノベーションプロジェクトに直接的な助成を行うのが一般

図表5-20　Bahar and Straussによる特許の質指数

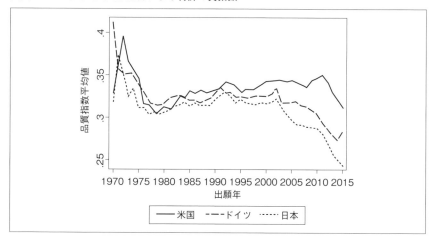

出所：ブルッキングス研究所「Innovation quality and global collaboration」

的な米国やドイツとは対照的に、日本の研究開発は税制優遇措置に過度に依存していることを理由に挙げている。

　また、日本の場合は、特許総数に占めるGCPの割合が低いことも質に影響している可能性がある（図表5-21）。日本のGCPは、1970年代初頭に全特許の約0.4％を占めるにすぎなかったものの、近年のシェアを見ると3％以上まで上昇している。しかし、他の国の発明者と協力して出願された国際共同特許（GCP）は、ドイツで全特許の約25％を占めており、米国でもほぼ10％を占めている。両国と比較すると、まだ約3％にすぎない日本のGCPシェアは非常に低いと言わざるを得ない。ちなみに近隣諸国で見ると、中国は18％、韓国は4.5％であり、日本を上回っている。

　GCPの品質は、国内特許と比べてどのくらい異なるのだろうか。特許の質指標ごとに見ても、全ての指標でGCPの平均的な品質は、国内特許より大幅に高くなっている（図表5-22）。

　日本の場合、各種の質指標から国内特許より品質が高いと認められるGCPの（総特許に占める）割合が米国やドイツよりかなり低いということになる。それが特許の質の面で日本が米独に後れを取る要因の一つにもなっている。ノウハウの塊である特許の質は、知識社会化、経済のソフト化が進むにつれてますます重要になり、生産性にも大きく影響を及ぼすだろう。

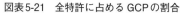

図表5-21　全特許に占める GCP の割合

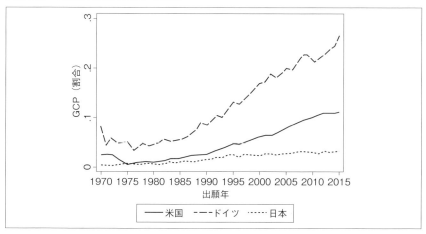

出所：ブルッキングス研究所「Innovation quality and global collaboration」

図表5-22　国内特許と GCP の質

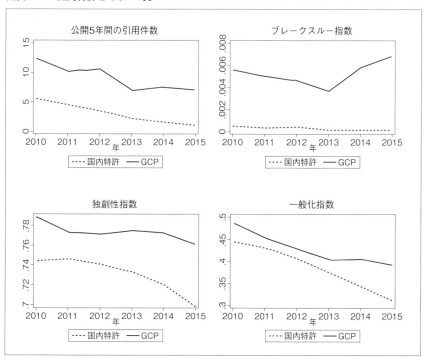

出所：ブルッキングス研究所「Innovation quality and global collaboration」

日本の発明者もグローバルに活動するようになれば、状況は変わる

　日本のGCPシェアが非常に低いのはなぜだろうか。まず、米国や欧州のようにイノベーションが集中的に生み出されている地域と地理的に遠く離れていることが要因として考えられる。しかし前述のとおり、中国や韓国が日本以上のシェアであることからすると、地理的な要因だけで米独とのギャップを説明することは難しい。

　実際のデータ（図表5-23）を見ても、日本との共同発明者の居住国は半数以上が米国であり、上位3カ国を米国、ドイツ、中国が占める。英国、カナダといったような地理的に遠い国と多くのグローバルなコラボレーションがあることも、日本のGCPシェアが低いことを地理的な要因だけで説明できないことを示している。もちろん、中国や韓国、台湾といった近隣諸国とのコラボレーションも多く、地理的な要因が作用している部分もある。しかし、地理的な要因を重視するより、すでに連携ができている国とのコラボレーションを深め、発明者間でより多くの相互作用を促進することが、GCPを増やす上では重要だ。

　そのためには、日本の発明者による国際的な協力を妨げる障害を取り除く必要がある。特に、米欧の経験に基づけば、①国際的なR&Dに対するインセンティブの設定、②移民改革に取り組むことを、日本も検討すべきとブ

図表5-23　日本との共同発明者の居住国 (2010-2015年)

	共同発明者数	％
米国	11,848	56.1
ドイツ	1,551	7.3
中国	1,538	7.3
韓国	1,087	5.2
英国	973	4.7
シンガポール	667	3.2
台湾	439	2.1
フランス	396	1.9
カナダ	316	1.5
スイス	244	1.2

出所：ブルッキングス研究所「Innovation quality and global collaboration」

ルッキングス研究所は指摘している。

研究開発センターを持つ外国企業へのインセンティブを

　国境を越える経済活動は、より多くの費用がかかる。例えば、国境を越えた貿易と投資は、情報が非対称的であることから、監視・調整に追加的なコストがかかりがちだ。同様のことは、多国間で研究開発を行うときにも当てはまる。

　主要国はイノベーションを奨励するに当たって、直接的な補助金や助成金にかなりのリソースを割り当てている。しかし、こうしたインセンティブでは、必ずしも外国企業を日本に引きつけられるようになるとはかぎらない。生産性の高い外国企業を誘致し、国内に研究開発センターを設立しようとしても、現状では外国企業が研究開発を行う上で日本を好ましい場所として選択する可能性は低いのが実情だ。マッキンゼー社による多国籍企業の最高技術責任者やR&D責任者への調査では、自社が研究開発拠点として日本を選考しているという回答は24%でしかない。そして、研究開発拠点として選ぶ上での問題点として、高齢化が進んでいることや、高度なスキルを持つ人々を日本に引きつけることが難しいことが挙げられている。

　こうした問題に対処するため、日本がより組織的な活動をしていく必要があるだろう。例えば、日本も、他国と同様に投資促進機関（IPA）が外国の多国籍企業を日本に誘致するための取り組みを活発に行うべきだ。また、日本貿易振興機構（ジェトロ）は、予算や人員などの点で世界でも最大級の投資促進機関である。ブルッキングス研究所による研究では、こうした機関をこれまで以上にうまく活用していくことも一案ではないかと指摘している。

外国人労働者を引き付けるための包括的な移民政策を

　研究開発のグローバルな協力を促進する上で重要な役割を果たすことが知られているもう一つの要因は、外国人移住者の受け入れである。日本では、いわゆる移民の受け入れに対してさまざまな意見があり、欧米のように移民受け入れに積極的な体制になっているとは言い難い。とはいえ、発明者のよ

うな高いスキルを持つ人々が国内に流入すると、それがグローバルなコラボレーションを促進することになり、より高い品質のイノベーションをもたらすことに異論はないだろう。

　実際、近年の動向を見ると、日本も以前より多くの移民（外国人）を受け入れるようになりつつあり、日本の総人口に占める外国人の割合も1990年の0.9%から2015年には1.7%へと上昇している。ただ、それでも米国やドイツにおける移民の割合が約15%であることからすると、まだ大幅に少ない状況にある。

　また、マッキンゼー社の調査[13]によれば、日本では熟練したITプロフェッショナルが24万人不足しており、2030年になるとそれが60万人に達すると推計されている。これからの時代に必要なスキルを持つ労働力をどう確保するかは主要国共通の課題ではあるが、日本でも深刻な問題になりつつあるということだ。このような熟練ないし高度な労働者不足に対する懸念などに対処するため、日本は、2018年に外国人労働者の制限緩和を骨子とする出入国管理法の改正を行った。この法改正により、30万人以上の外国人労働者の受け入れが見込まれている。

　このような取り組みは、今後の労働力不足を緩和することにある程度貢献するものと期待できる。今後は、さらに踏み込んだ取り組みとして、イノベーションに貢献できる外国人労働者の行き先としての魅力を高める、より積極的な政策が必要であろう。現状は、OECDワーキングペーパー[14]（Tuccio (2019)）によると、高学歴の労働者や起業家にとっての魅力という点において、日本は米国やドイツに大きく後れを取っている。このような状況を打開するため、外国人労働者に魅力的なインセンティブを提供する政策ツールが必要であると、ブルッキングス研究所は指摘している。そうした取り組みの成否が日本のこれからの生産性向上を左右することにもなるだろう。

　生産性、とりわけ付加価値となる分子の改善・改革拡大のために重要なR&Dの領域でも、日本はよりオープンにコラボレーションすることが重要な課題なのである。

（木内　康裕）

〔注〕

11　本節は、日本生産性本部の支援により刊行されたブルッキングス研究所「Innovation and the transatlantic productivity slowdown: A comparative analysis of R&D and patenting trends in Japan, Germany, and the United States」に基づいている。詳細は、https://www. brookings.edu/research/innovation-and-the-transatlantic-productivity-slowdown-a-comparative-analysis-of-rd-trends-in-japan-germany-and-the-united-states/を参照された い。

12　本節は、日本生産性本部の支援により刊行されたブルッキングス研究所「Innovation Quality and Global Collaborations: Insights from Japan」に基づいている。詳細は、https:// www.brookings.edu/research/innovation-quality-and-global-collaborations-insights-from-japan/を参照されたい。

13　Chokki Shun, Hroshi Odawara, Andre Rocha, Christoph Sandler, and Tatsuya Tsuda. "A new era for industrial R&D in Japan." Mckinsey & Company, 2020.

14　Tuccio, Michele. "Measuring and assessing talent attractiveness in OECD countries." OECD Social, Employment and Migration Working Papers 229, 2019.

第 6 章

CHAPTER:06

経営者の卓見
～生産性向上と経営改革～

　第5章では、現在の我が国の生産性向上にとって重要な「付加価値（生産性の分子）を高める要件として、特に「研究開発投資」「設備投資」「人材育成投資」の必要性やその方法論としてのエコシステムの構築等について世界の経営者との違いも踏まえつつ議論してきた。

　現在のように経営環境が大きく変化する時代において企業がサステナブルに成長・発展するためには3つの投資やイノベーション・エコシステムの構築（行政、大学、研究機関、企業などが相互に関与し、絶え間なくイノベーションが創出される生態系）を適時適切に行い、イノベーションを誘発し、新商品・サービス、新市場を創造するプロセスをストーリーとして物語る必要がある。本章では生産性向上と経営改革をイノベーティブに実践してこられた4人の経営者たちの卓見を紹介する。

CEOは Chief Innovation Officerたれ

永山　治　氏
中外製薬　特別顧問　名誉会長

　まず、生産性運動65周年大会の分科会「経営意思決定の新機軸〜
withコロナ時代の経営と生産性〜」での講演を中心に永山治氏（中外製
薬　特別顧問　名誉会長）のイノベーションによる付加価値創出のための
経営者の役割についてのご意見を紹介したい。永山氏は海外の巨大企
業との戦略的連携を推進発展させただけではなく、それを大きく進化
させながら中外製薬を大変革したイノベーター経営者である。特に研
究開発、イノベーションのあり方については、重要なご指摘をいただ
いた。

イノベーション経営をするための経営者の行動

　イノベーションという定義はなかなか難しいけれども、これは単に
技術だけではなく、経営自体の大きな発展ができるような舞台づくり
も私のイノベーションの定義の中に入っています。日本企業のイノベー
ション経営の課題は多いと思います。日本は業種ごとにプレーヤーが
多く、シェア争いに明け暮れて収益性が上がらないという特徴があり
ます。また、破壊的イノベーションを起こすためにはかなりの投資が
必要です。十分な投資能力があるのかが課題であり、その先の産業再
編成を視野に入れる必要があるでしょう。

　では、イノベーション経営をするために経営者は何をすべきか。一
つは、大きな潮流、経済の流れ、社会の変化を常に観察する必要があ

ります。それは本を読んでアイデアをもらうという話ではなく、自ら外に出て最先端の情報を集めるということです。私は文系ですが、製薬会社で一番大事なのは研究開発であり、ここが私の一番弱いところでした。だから、日本、海外の先端の研究所あるいは専門家が言われていることが分からないことが多かったです。しかし、必死になって訪ねるということをやっていると、日本にいて考えていたことと少し違っていることを発見するという経験をするようになりました。大きな投資をするか判断するには、自らベンチマークしていく必要があります。また、自分でできることを戦略化するのではなく、大きなイノベーションを起こすためには何が必要かを考え、場合によってはいらない事業を外してどこかと手を組んだり、新しいものを仕込んだりということをしなければなりません。私のところは、ロシュという世界一の製薬会社と資本提携しています。2002年に組んだときは、ロシュは世界で5、6番目だったと思いますが、今や世界一になりました。私も合併をしてからすぐロシュの経営会議に出るようになり、長期戦略を横で聞いておりました。そこで彼らは、世界一になるためには何をしなければいけないか、そして、何ができていないか、そういうリソースが自分のところにあるのかないのか描き出して、今できていることとできていないことは何か、これについては3年後に必ずやる、そのためにはM&Aをやるなど、そういう経営をやっていることがよく分かりました。単に何かアイデアがある、商品がある、それを開発するというよりも、それを成し遂げるために何が必要か。場合によっては低成長の事業を外して、どこかと合併をして、そして新しいものを仕込んで組み替えるようなことをやらないと、実際にはイノベーションは起きないのです。自分たちのできる範囲内でやろうとすると妥協が起こりますし、限界があります。これからはグローバルリスクを判断しなければならないので、観察のために海外にも出ていく必要があると感じています。

CEOは「Chief Innovation Officer」

　私はCEOというのは、「Chief Innovation Officer」であるべきだと考

えています。年始の社長のあいさつで毎年のようにイノベーション、チャレンジという話が出てきますが、実際はなかなかイノベーションが起きません。大きな破壊的イノベーションをするためには、単にプロジェクトを開発したり市場に出したりするだけでなく、会社全体の組み替えが必要です。また、投資能力を高めるために、エクイティファイナンスをしなければなりません。開発陣の一人がそこまで考えることはないので、やはりトップが動く必要があります。創業者は全てにコミットして引っ張っていきますが、第2世代、第3世代となるとボトムアップが増えてくると思います。しかし、破壊的イノベーションを求めるのであれば、松下幸之助氏のようなイノベーターを思い出しながら、創業者的な動きをしていかなければ完遂できないでしょう。

　吉田松陰の言葉に、「夢なき者に理想なし、理想なき者に計画なし、計画なき者に実行なし、実行なき者に成功なし。故に、夢なき者に成功なし。」という言葉があります。これは私が引退するときに幹部に伝えた言葉です。大事なのは、その会社が何を目指すのかということです。そして、経営者自身が大きな夢を持って自らコミットし、イノベーターとならなければいけないと思います。

組織風土改革

　私どもも上述のように2002年の資本提携により企業構造としては大きなイノベーションをしました。その後の変化で私が驚いたことがあります。私はよく研究所に行って、若い研究者10人程度と2時間程度のダイアローグをやっていました。最初の頃は上司の悪口ばかりでした。「しばらく新薬が出ない」「これは上が悪い」など、不平不満がたくさん出ていました。しかしながら、ロシュと組んで、日本では珍しいバイオ医薬品の開発に取り組み、そこで思わぬ発展、イノベーションが起きて、有力な薬開発などの成果が現れ始めました。その頃に研究所に行きますと、研究者が手を挙げて、「せっかく会長が来たので私に2億円出してくれませんか？　2億円あればこれだけのことをやってみせます。」と、自主的に訴えるくらいに組織風土が変わりました。従って、私は、風土改革という意味でのイノベーションはやはりトップが背中

を見せることが大事だと感じました。新年のあいさつで「君たち頑張れ、チャレンジしろ」と言うだけでなく、破壊的イノベーションを勝ち取るためには、自身も創業者精神に戻って取り組んでいく必要があるのです。

博士号人材活躍の重要性

経営陣が先頭を切ってイノベーションを目指すと、かなりの確率で自然に人は育ちます。新しいプロジェクトをスタートさせると人材が集まり、中に溶け込んで、自動的に人が育つという面があるのです。もう一つ大事なのが高等教育です。日本では博士課程の人が減っている状況と聞いています。日本ではまだ博士というと特定領域の専門家というイメージですが、世界では複数の博士号を持っている人材がぞろぞろいます。近年はクロスファンクションで進めるプロジェクトが増えており、こうしたプロジェクトのマネジメントは本来なら博士が活躍するのが望ましいと思っています。日本では早く採用して自社で鍛えればいいという発想が多いですが、これからは大学や企業が変わって、サイエンス面と社会学的な面を網羅して俯瞰的に仕事を進められる博士をどんどん育てていかないと、海外との競争に負けてしまうでしょう。

国や産業の役割

インダストリー4.0というのは情報学、物理学、それから生物学といわれていますし、それらがマージしていきます。

個々の企業で行う人材投資に加えて、国や産業で金を出して基礎的なことをやっていくことが、これからの時代には必要だと思います。データの時代といわれていますが、個々の企業で集めるデータは量的、質的な担保ができない可能性があります。自動車産業で言えば、道路を国が作らなければ車は走れず、自動車産業は育っていきません。これからは企業が自分たちだけでできることだけをしていくのではなく、道路を作る部分を国や業界で共通で取り組み、人材を育てていくメカニズムをつくっていくことが必要だと思います。

イノベーションエコシステムで生産性向上を

木川　眞　氏
ヤマトホールディングス　特別顧問／
ヤマトグループ総合研究所　理事長

　次に、ご意見をいただく木川眞氏（ヤマトホールディングス　特別顧問／ヤマトグループ総合研究所　理事長）は社長・会長など要職を歴任し、常にシャープな視点で顧客と従業員を重視し、さまざまなデジタル技術を活用しながら経営改革を実践し、物流業界の変革に寄与されてきた改革者である。木川氏が述べた企業間連携のあり方や人材育成、雇用に対する考え方は今後のありたい姿に向けた重要な示唆である。そして、言うまでもなくヤマトホールディングスは日本における物流のリーダー企業である。

経営改革は自前主義の脱却から

　経営改革を進めるためには、自社のみならず、他社、他業界、産学官などと連携して、新しいビジネスモデルの構築や、業務プロセスの革新をすることが必要です。日本の自前主義は世界に冠たるものですが、そうした外部の組織と連携を図っていくためには、自前主義から脱却しなければなりません。加えて、高度成長期を支えた日本の雇用制度ですが、新しい時代に合うような形でうまく変化できず、人材が流動化しませんでした。デジタル時代に合った人をどう増やしていくか。これは一企業だけで取り組む課題ではないですが、人材の流動化をうまく進めなくてはならないと思います。そのためには、思い切った人事制度や雇用のあり方の変革、さらに今、日本は人口減少社会に入っているので、外国人の雇用まで含めて考えなければなりません。

日本人だけの雇用制度ではなく、グローバルに通用する制度をうまく
つくりながら、新しい人材を高度化させる努力を企業が行い、国もま
たサポートすることが重要だと考えています。

世界の潮流となっている「フィジカルインターネット」

物流業界における連携の取り組みとして、世界の物流の潮流となっ
ていることがあります。それは、物流事業をオープンプラットフォー
ム化して物流に関わる各社がそれぞれ余分な投資をせずに、お互いに
経営資源を使い合って、インターネットでデータを運ぶようにモノを
運ぶ「フィジカルインターネット」と呼ばれる取り組みです。

「フィジカルインターネット」は、通信の世界の言葉のように聞こえ
ると思います。通信の世界では「通信回線をオープン化し、パケットと
いう共通の容器に情報を乗せて通信の最適化を図る」というインター
ネットという仕組みによって、日本も含めて世界が飛躍的に成長する
プラットフォームが構築されました。まさにこの通信の世界と同じよ
うに物流事業もオープンプラットフォーム化して、各社が余分な投資
をせず、お互いに経営資源を使い合うエコシステムが「フィジカルイン
ターネット」なのです。この取り組みはデジタルデータを活用した物流
の効率化だけではなく、リアルのネットワークや人的経営資源をオー
プン化し共有化することで、デジタルとフィジカルの融合を実現し、
物流の世界で生産性を上げ、各社が適正利益を上げ、そしてその成果
の一部をあまねく全ての日本の産業にお返しする、ということを目指
しているのです。

物流が製造業と比べて生産性が低いのは世界中共通していますが、な
ぜ日本ではそれがより低く、追い付けないのかというと、デジタル技術
に対して、しっかり取り組んでいけるだけの産業基盤や産業構造がない
からなのです。日本のトラック事業者のほとんどが中小事業者であり、
大手のトラック事業者も中小事業者の支えによって事業が成立してい
るのが現実です。そうした中小事業者が、ドライバーを抱えながら、自
分たちで必要な投資をして、人を雇い、拠点をつくり、それぞれが独自
のネットワークをつくり、自分たちだけで使っていることが、業界全体

の生産性を上げられない原因なのです。フィジカルインターネットに踏み出すことによって、業界全体の生産性が向上しますし、社会の共通認識にもなっているドライバー不足への対応にもなるのです。

サービス品質を見直すきっかけになった宅配クライシス

　近年、物流業界では、Eコマースの需要拡大にともない、個人向けの宅配荷物量が急増して、配送する側の運送会社の体制が追い付かずに、サービス水準の維持が難しくなり、従業員の人手不足に陥るといった問題が起こりました。これは、「物流クライシス」「宅配クライシス」と呼ばれています。

　問題が起きる以前から、それぞれの事業者が一生懸命人を増やして、車両も増やして、ネットワークも強化し、われわれの成長を支えてくれるはずのEコマース需要を取り込むための取り組みを進めてきました。しかし、それを上回るスピードでEコマースが伸びた結果、「宅配クライシス」が起こってしまいました。われわれは、経営者として、そういう将来の姿を描きながら対応してきたはずなのですが、それを上回る世界の潮流に付いていけなかったのです。

　もっとデジタル技術を使って、省力化のための投資をしたり、仕事のやり方を変えたりすればよかったという反省があります。一方で、宅配クライシスは、サービス品質を見直すきっかけになりました。サービス水準を引き上げるのではなく、最適なサービス、つまりお客さまが望んでいるレベルでのサービスを複数用意することが重要だったのです。当社で2020年に開始したEAZYは、対面でのお届けにかぎらず、「玄関ドア前」「車庫」「自転車のかご」など多様な受け取り方を、受け取る直前まで何度でも変更、ご指定いただけるサービスとなっており、そういうことに初めて取り組んだ画期的な取り組みでした。さらに付加価値生産性を上げる大事な視点として、生産性の式（分子（付加価値）÷分母（労働等投入量））の、分子の部分を上げないといけません。これはサービスに対する適正な対価をいただくということを意味します。配達料無料キャンペーンというのは「ちょっとこれはやりすぎでしょう」ということを初めて言えるようになったのです。

サービス産業において雇用吸収力を落とさずに生産性を向上させる

　また雇用に関してですが、サービス産業は雇用を吸収していくという観点で一番大きなセクターです。その雇用吸収力を落とさずに、いかにデジタル化を進めるか、大きな難題を抱えているのです。とはいえ、サービス産業とはひとくくりで語るには難しいのです。われわれのような、労働集約的な役務のサービス業に加え、ITを駆使しながらノンアセット型で極めて高い生産性を誇るサービス業もあれば、流通のように旧来型とEコマースが混在する中で苦労しているサービス業もあるのです。しかしながら、大多数の企業は人による役務提供のサービス業であり、そこで雇用吸収力を落とさずに、生産性を上げることを真剣に考えなければなりません。

　DX（デジタルトランスフォーメーション）時代におけるサービス産業の生産性向上については、サービスの水準を下げるのではなく、お客さまのニーズに合わせていろいろなバリエーションを持つ方向に変わりました。しかし、さらなる課題があります。それは、品質を上げたいというモチベーションの高い社員をたくさん増やさなければならないことです。ロボット化や自動運転で仕事を楽にする、あるいは人がやる仕事をなくすということだけでは、決してサービス産業は成長しません。機械に使われる人材を増やすのではなく、デジタル化戦略の中で、機械、AIといった技術を使いこなせる人材をいかに増やすかということになります。

　差別化されたところは、徹底的に適正なプライシングメカニズムによって生産性を上げ、単純労働に近いようなところは、できるだけ仕事のやり方を変えていく必要があります。働き方改革を行うことによって、労働時間を減らし、時間当たりの生産性を上げることが求められるのです。一方で、機械化によって人が要らなくなる部分は間違いなくわれわれの業界にもあります。そこで要らなくなった人を外すのではなく、そういう人たちを新しい仕事領域に転換できる仕組みを用意しておくことが重要です。

　物流における新しい仕事領域とは、やはりそれはデジタルデータを十分に活用できる領域で、広く言えばマーケティングです。デジタル

データを活用してお客さまのニーズを徹底的に捉えながらやるという、GAFAなどがやっているような、サービスを提供するプラットフォームであると同時に、そこに膨大に存在するデータをデータベース化して、デジタルデータとして活用しながら、新しい情報のプラットフォーマーになるというものです。その両輪をうまく回しながら、全体の付加価値を上げていき、雇用吸収力も引き続き高めていく戦略を、サービス産業全体で構築しなければならないのです。

日本がフロントランナーになれる可能性があるフィジカルインターネット

　世界の潮流になってきている上述のフィジカルインターネットにおいて、実は日本がフロントランナーになれる可能性があるのです。

　フィジカルインターネットは産官学で言うと、欧米で学の世界が先行しました。それをリードしているのが米国のジョージア工科大学です。われわれは米国におけるフィジカルインターネット研究の第一人者であるBenoit Montreuil教授とアドバイザー的な覚書を結んでいます。もう一方の欧州でリードしているのがパリ国立高等鉱業学校であります。この学校もEUがこの活動を推進する形で、学の考え方からイニシアティブを発揮しています。しかしながら、活動の時間軸は、実は2050年と言っており、息の長い話となっているのです。この活動を成し遂げるためには、標準化をするとか、国と国、企業と企業の利害関係の調整みたいなことが多々あるので、このぐらいの時間軸でないと正直できないということが背景にあるのです。

　ところが、日本はそんなに悠長に構えていられないので、2030年までにやれることから積み上げていかなければならないのです。実は、日本は10〜15年前からフィジカルインターネットの考え方を実装している国の一つなのです。例えば、業界内の共同配送を、ビール会社や食品会社でやっていて、今度はコンビニでも始めようと言っています。われわれの業界で言うと、中ロットの荷物は15年前から、20社ぐらいが集まり、同じやり方でのサービス提供をやっていたのです。当時、われわれはフィジカルインターネットという言葉も知りませんでした

が、日本は実装という意味ではすでに活動を行っていたのです。だから、もしかしたらフィジカルインターネットの実装レベルで言うと先進国であり、フロントランナーになれる可能性があります。ルールメーカーになれれば、生産性を飛躍的に上げる余地があるのです。

エンゲージメント向上と高度人材を活かす経営

渡邉　光一郎　氏
第一生命ホールディングス　取締役会長

　第一生命ホールディングスの渡邉光一郎取締役会長は、少子高齢化そして人口減といった経営環境の激変、そしてバブル崩壊後の生保業界が壊滅的な状況の中、DSR（第一生命グループの社会的責任：Dai-ichi's Social Responsibility）経営を徹底して推し進めた経営者である。顧客価値を向上させ、同社の経営品質を高め、しなやかで強力なリーダーシップで経営改革を実践されてきた。渡邉氏が強調された働き方改革の視点、人材活用のあり方は、これからの企業経営にとって大変重要なポイントとなることだろう。

人的資源投資を重視する経営

　今はコロナ禍で足元の対応に追われがちですが、中長期的に見れば、SDGsの達成に向けて、革新技術を最大限活用することにより、経済発展と社会的課題の解決を両立する「Society 5.0」や、サステナブルな資本主義・ステークホルダー資本主義といった大きな潮流を見極めながら、企業経営を考えていくことが求められます。

　コロナ禍では、DX（デジタルトランスフォーメーション）に向けた設備投資や、それに向けたイノベーション投資の重要性が人々の共通認識になりましたが、これまでの経営が人的資源投資を重要視してきたのかどうか疑問を持っています。

　日本の労働の量は生産年齢人口の減少により、減ることになります。

よって、労働の質を上げるための人的資源投資をどのように行っていくかが今後の重要な視点になるのです。

エンゲージメント向上の視点が重要に

従来の働き方改革（第1フェーズ）では、主に生産性の分母の削減、特に労働時間削減の取り組みが行われてきましたが、これからの働き方改革の第2フェーズは生産性の分子（付加価値）としてのアウトプット改善に取り組むべきで、エンゲージメント向上や、働き方の質そのものが非常に重要になることを経営としては押さえなければなりません。

エンゲージメント指標となるES（エンゲージメントスコア）と営業利益率や労働生産性の間には正の相関があります。どうESを高めていくかという視点は、CS（顧客満足）の向上に必ず結び付くのです。従って、経営とすれば、エンゲージメントを向上する視点を従来以上に強く持って、働き方改革の第2フェーズに入っていくことが必要です。

そして、そのエンゲージメント向上を基本に据えつつ、労働の質向上のためにどうしたらいいのかを考える必要があります。現在、ニューノーマルに対応してさまざまな動きが出てきています。例えば、リモートワークも日常化しており、その働きやすさを実感しつつも、コミュニケーションの難しさから必ずしも仕事の効率化につながっていない状況があります。

これに対して、リモートワークの習熟度を高められれば、エンゲージメントの向上にもつなげることができるはずなのです。

日本の経営のベースには「三方よし」（「売り手よし」「買い手よし」「世間よし」）の経営があると思っていますが、日本の「三方よし」の考え方と「CSV経営」（Creating Shared Value＝共有価値の創造）の考え方は同じではありません。

「三方よし」は暗黙知だから、経営者は分かっているかもしれないですが、それが本当に「見える化」されて企業の共通認識の仕組みとなっておらず、暗黙知の世界になっていたのです。このことに対し、「ダイバーシティ＆インクルージョン」といった共通認識の下で、企業の理念やビジョンの方向に「三方よし」の暗黙知を「見える化」して仕組み化す

れば、日本は世界でもかなり前に進んだ存在となれる可能性があります。

高度人材を生かす仕組みづくりを

　イノベーションを起こしていく高度プロフェッショナル人材を育成・活用するためには、テレワークやニューノーマルに対応した労働法制に変えていく必要があります。現在の日本の労働法制は昔の工場労働を前提としてつくられています。近年、フレックス制や裁量労働制の考え方は導入されていますが、本格的な運用には至っていません。もう一段これを進めて、高度プロフェッショナル人材が本当に活躍できる労働法制にする必要があると思うのです。

　現在メンバーシップ型からジョブ型雇用への移行の議論がさかんに行われております。しかしながら、いきなりジョブ型に全部移行しようとしても機能しないですし、メンバーシップ型にも良いところがあるのです。その両方の良さを生かす、ハイブリッド型の概念を取り入れた自社型雇用制度の構築が必要なのではないでしょうか。メンバーシップ型の良さも生かしながら、ジョブ型をひも付けて、高度人材が働きやすい環境を整えていくことが重要です。それにエンゲージメントの視点を組み合わせていけば、生産性の向上につながっていくでしょう。

労働の流動性について踏み込むべき

　また、今日のように、産業構造が大きく変わるときは、労働の流動性についてもう一段、踏み込まなければならないと考えています。単純なDX推進が貧困や格差を生むことは、日本でも世界でも立証されています。DXを推進するのであれば、人材の流動化に社会としてしっかり対応していく仕組みを併せて構築しなければならないのです。

　ドイツは、「インダストリー4.0」と「ワーク4.0（労働4.0）」を組み合わせて8つの政策を立て、そこに人材プールのシステムも一緒に重ねて、人材の流動化に対応する体系を整備しようという共通認識を持って政労使が取り組んでいます。日本においても、こうしたプラットフォー

ムを構築していく必要があります。

　日本でも1980年代の円高基調のときに、雇用を守るためのマッチング支援プログラムが立案されて、産業雇用安定センターにこの仕組みを入れました。産業構造が大きく変わるときには、労働移動をどう円滑に進めるかが重要なのです。こうした取り組みを組み合わせながら、副業や兼業、リモートの活用といったものと併せて、産業構造の変化に対応した労働政策を進めていくことが必要だと思います。

産学連携の強化が重要

　Society 5.0を支える人材を産学の関係者が連携して育成していく必要があります。日本では、大学院に進む学生数が少なく、修士や大学院の在籍数は25万人程度で横ばいになっています。米国の大学は戦後、企業や産業界との連携を強化していきましたが、日本の大学はアカデミアの中で閉ざされていたので、企業はできるだけ早く学部生を採用し、企業の中で育てて、役に立つようにした方がいいという考え方が非常に強く、その考え方が今日まで色濃く残っていることが、この背景にあります。

　近年は、日本の大学も非常に大きな変化を遂げていますが、企業経営者はこうした大学の変化にあまり気付いていないのです。一方で、多くの企業では新卒一括採用（メンバーシップ型採用）を続けており、ジョブ型雇用を念頭に置いた採用（ジョブ型採用）への移行も含めた採用や雇用の多様性が必要と言えます。

　こうした課題について、経団連と国公私の大学トップが直接対話を行う仕組みとして、2019年に「採用と大学教育の未来に関する産学協議会」が立ち上がりました。これは非常に良い取り組みであると考えています。

　産学協議会のメンバーではない大学の方々の中には、企業経営についての理解が薄い方もおられ、「お金儲けばかり考えている経営者とは議論できない」と直接、言われたこともあります。そこでは「今どき、それだけを考えている経営者は成功しません」「大学も実は変わっています」といった率直な意見交換を通じ、お互いが理解し合う、本当の意

味での産学の連携を図っていくことが重要だと思っています。

　日本のイノベーションの課題となっている「魔の川、死の谷、ダーウィンの海」（技術経営でいわれる、アイデア発掘から商品開発、商品開発から事業化、事業化から事業拡大の間にある3つの関門）という障壁を乗り越えるためにも、産学連携を強化して、大学発のスタートアップ企業に企業側のイノベーション投資を行うことなどによって、人材が育成され、そこで育成された人材が企業にも入ってくるなどして、人材の交流も広がっていくのではないでしょうか。これに関連して、リカレント教育の視点も非常に重要です。現状の日本のリカレント教育は、趣味の範囲のリカレント、あるいは高齢になってからの学び直しが中心で、企業経営との関連性が非常に薄いです。成長戦略や生産性向上に資する本当の意味での人材投資となるようなリカレント教育が求められていると考えています。

マーケットイン思想で社会課題解決を

山西　健一郎　氏
三菱電機　シニアアドバイザー

　山西健一郎氏(三菱電機　シニアアドバイザー)は同社の社長・会長を歴任され、サイバー空間とフィジカル空間の融合に向けた積極的なご発言で産業界をリードするオピニオンリーダーである。山西氏の掲げる経営における異種の知の必要性や高度なスペシャリスト＝高度なゼネラリストといった独自の人材コンセプトは生産性改革、イノベーション誘発を実現するための必須条件である。

社会課題解決にはマーケットイン思想の浸透を

　日本では、サイバー空間(仮想空間)とフィジカル空間(現実空間)の融合や、「イノベーション・エコシステム」の構築が十分に進んでいません。

　それにはさまざまな理由がありますが、一つには、「Society 5.0」(サイバー空間とフィジカル空間を高度に融合させたシステムによって、経済発展と社会的課題の解決を両立する、ヒューマンセントリックの社会)が、社会実装には至っていないことが大きいです。社会実装が進まないのは、それが社会課題の解決そのものだからです。

　従来から日本では、大学でも企業でもプロダクトアウトやシーズ志向が強いのですが、マーケットインやニーズ志向の発想でなければ、社会の課題は解決できません。GAFAでもBATでも、社会課題や人々が望んでいることを解決しており、そこにイノベーションがあります。大きな社会課題を解決しようとしたら、自前主義では限界があるのは明らかなのです。それをいま

だに自前主義で何とかしようという発想自体を変えないといけないでしょう。

　日本でSociety 5.0の社会実装を進めるには、「イノベーション・エコシステム」をつくっていくことが非常に重要です。そうしたエコシステムはこれまで全くつくられていないわけではないのですが、どちらかというと大学中心の産学連携が強く、その多くはシーズ志向でした。かぎられた領域の中で技術を深掘りし、高いレベルを実現していく。これはこれで重要ですが、これだけでは十分とは言えません。

　シーズ志向を「創発的研究開発」、ニーズ志向を「戦略的研究開発」と名付けるとすると、「創発的研究開発」では、大学が中心となって、国や企業が支援する。「戦略的研究開発」では企業が中心となり、そこに大学も入ってくる。こうした2通りの「イノベーション・エコシステム」を構築していく必要があると考えます。

　日本では、米国や中国などと比べて「戦略的研究開発」が非常に遅れています。背景には、企業と大学の連携が遅れていることがありますが、「戦略的研究開発」の実現においては、企業の経営者が先頭に立って、リーダーシップを発揮していく必要があるのです。

GXは日本に追い風

　サイバー空間とフィジカル空間の融合に関して、日本ではいわゆるサイバー空間領域が遅れており、Society 5.0を実現するために、デジタルトランスフォーメーション（DX）に力を入れようと言ってきました。これは決して間違いではありませんが、世界ではサイバープラットフォームに利益が偏っており、格差問題につながっています。フィジカルな世界に利益を分配する意味でもサイバー空間と融合させたプラットフォームづくりが重要になるのです。

　最近の流れとして脱炭素化に向けた動きが加速しています。政府が昨年12月に「グリーン成長戦略」を公表するなど、今後あらゆる産業で低炭素化、脱炭素化に向けた取り組みが加速されることが見込まれており、グリーントランスフォーメーション（GX）にも注目が集まっています。

　GXは、どちらかというとフィジカル空間領域のもので、これは日本の得意な領域でもあり、日本にとっては非常に追い風になるでしょう。

DXとGXはまさにサイバーとフィジカルであり、両方を駆使することによって、Society 5.0の実現が近づく。そういう意味では、日本の「イノベーション・エコシステム」をつくっていく上でも、今は、非常にいい状態に向かっているのではないでしょうか。

高度なスペシャリスト＝高度なゼネラリスト

これらを実現するためには、「高度なスペシャリスト＝高度なゼネラリスト」を育てる必要があります。私は、高度なスペシャリストは高度なゼネラリストでもあると思っています。狭い専門性にとらわれていては、企業で力を発揮することはできません。一つの強い専門分野に加えて、その周辺も含めた幅広い知識や見識も持っている人を「高度なスペシャリスト」と呼ぶことができます。

そういう人が増えていけば、Society 5.0の実現といった社会課題解決に取り組む際に、いわゆる自前主義では限界があることはすぐに分かるでしょう。

崩す必要がある文系・理系区分

こうした「高度なスペシャリスト」を育成していくためには、学校教育から取り組んでいく必要があると思います。現在、私が問題意識を持っているのは、いわゆる文系理系の区分についてです。私が理系だからというわけではありませんが、これを崩さなければなりません。

日本は文系社会であり、例えば、現在、経団連の副会長を見ても、理系は多いとは言えません。そうしたバランスを将来的には戻していく必要があると思いますが、本当の意味での文理融合を若いときから実現していくことを考えなければなりません。

さまざまな技術が進化する中で、自ら新たな変化を生み出せる能力を持つ人材が求められていますが、今、世界では、Science（科学）、Technology（技術）、Engineering（工学）、Arts（芸術・教養）、Mathematics（数学）を統合的に学習する、STEAM教育が注目されています。

さまざまな国で日本よりも規模の大きなSTEAM教育が実施されており、日本は後れを取っています。初等教育の時からSTEAMに興味を持たせる教育や、文理の壁をできるだけ少なくする教育がこれからは非常に重要に

なってきます。

産学の人材交流を

　ドクター（博士号取得者）の変革・改革も必要です。このままではますますドクターの数が減っていってしまうでしょう。ドクターを、ノーベル賞を狙うような研究コースと、企業で活躍するコースに分けることも必要ではないでしょうか。企業で活躍できる道が広がれば、そうしたコースを歩むドクターも増えていきます。

　産学交流については、企業からまず人事や経理財務などの人材を大学に派遣して、企業・大学双方を交流させることから始めれば、次第に研究者同士の交流にもつながっていくのではないでしょうか。また、「戦略的研究開発」の「イノベーション・エコシステム」をつくり、社会実装を目的としたエコシステムの中に大学の人たちも入ってもらって、そこでそういう文化や考え方を身に付けてもらう。そうすることで、その領域の研究者はそれ以降、マーケットインやニーズ志向の発想に目を向けるようになります。徐々にそうした方向に大学も進んできたので、今後は大いに期待できるでしょう。

第 7 章

CHAPTER:07

これからの雇用と人材育成

1 | 格差について考える

　世界の不平等化が進んでいる。米国では、国民所得の格差が広がり、上位層と下位層との差異がＫの字のように広がっている（図表7-1）。上位10％の高所得層が国民所得の45％を占め、一方の下位50％は13％を占めるにすぎない。中でも上位1％が上昇分の多くを占めており、高額所得者の所得が急増している。欧州でも同様の傾向だ。パリ経済学院のトマ・ピケティ教授によると、英国などではトップ1％の所得シェアが1980年代以降、反転して急速に上昇してきている。

　日本では、これまで分厚い中間所得層の存在が、安定した成長と活力の源といわれ、かつては「一億総中流」という意識も強くあった。米国、英国に比べると、一部の富裕化の程度は小さいが、今、この中間層が大きく減少しているといわれている。

　日本の所得分布を見ると、2000年代に入り、200万円以下が増加している。分厚い中間層は二極化というより、全体に低所得化しているのだ（図表7-2）。

図表7-1　米国の所得格差

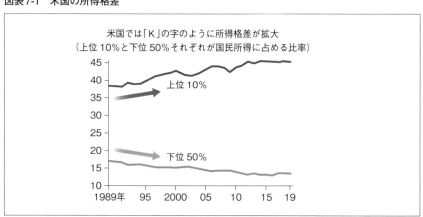

米国では「K」の字のように所得格差が拡大
（上位10％と下位50％それぞれが国民所得に占める比率）

出所：日経デジタル「パクスなき世界」より再掲
https://www.nikkei.com/article/DGXZQODF251R70V20C21A2000000/?n_cid=DSREA001
（注）「世界不平等データベース」をもとに作成。国民所得は税引き前。

図表7-2　日本の所得分布の変化

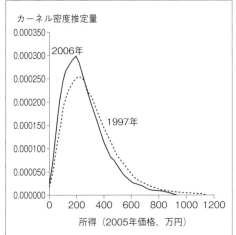

(出所) 小塩 (2012) より再掲
(厚生労働省「国民生活基礎調査」から著者作成)
(注) 等価所得・世帯員ベースで見たもの。

図表7-3　主要7カ国　2000年から2019
年にかけての平均賃金の伸び率

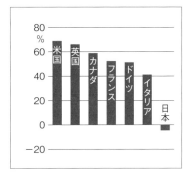

出所：OECD Stat（https://stats.oecd.org/）
より日本生産性本部作成)
※各国通貨額による比較。

　平均賃金の伸び率では、2019年の欧米は2000年比軒並み40％〜60％超であるが、日本はマイナス5％弱である（図表7-3）。この背景には前述した2000年あたりから労働生産性の伸びが鈍化したことがあり、まさにそれが賃金の上昇を止めた現実であろう。

　平均賃金が伸びていない点については、一般労働者の賃上げ率の低下が想起される。しかし、法政大学の酒井正教授によると、新卒時の給与を基準に各年齢階級の賃金の上がり方において（図表7-4）、20代から50代前半にかけての年功的要素は明確に鈍化しているが、一切上がることのない非正規雇用に比べれば、大きな変化とは言えないという。さらに、非正規雇用においては福利厚生、自己啓発援助制度も著しく劣っていると指摘する。景気変動の調整弁として、各企業で増加した面もある非正規雇用の、正規雇用との賃金格差は日本経済全体に大きな影を落としている。日本は世界最速で高齢化しており、年金や医療、介護などの社会保障給付額は増加する一方で、将来世代への配分は手薄と言わざるを得ない。いかに低所得化を是正していくか、今まさに問われている。

図表7-4　年齢階層別の時間当たり賃金（男性・学歴計・企業規模計）

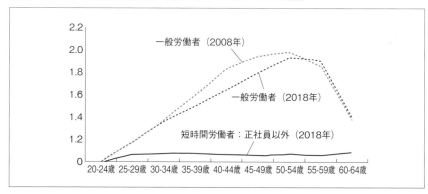

出所：「日本のセイフティネット格差」（2020）より再掲
（厚生労働省「賃金構造基本統計調査」より酒井正教授作成）
注）20-24歳の時間当たり賃金を1としたときの各年齢階層の賃金の値。

図表7-5　所得階層別実質可処分所得上昇率（OECD19カ国平均）、1985-2015年（1985＝100%）

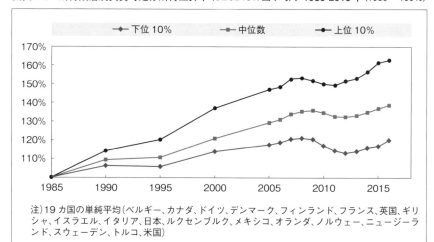

注）19カ国の単純平均（ベルギー、カナダ、ドイツ、デンマーク、フィンランド、フランス、英国、ギリシャ、イスラエル、イタリア、日本、ルクセンブルク、メキシコ、オランダ、ノルウェー、ニュージーランド、スウェーデン、トルコ、米国）

出所：OECD "Under Pressure: The Squeezed Middle Class", 2019より再掲

　あらためて、先進国のトレンドを見てみよう。OECD［2019］[15]は先進国共通の問題として、中間層の所得上昇率の鈍化を指摘している。過去30年間において、中間層と高所得層の上昇率との開きが拡大しており、OECD諸国全体では中間層は高所得者層（上位1割）の3分の1となっている（図表7-5）。なお、2008年のリーマンショック以降、OECD諸国の多くで、所得の

図表7-6　一人当たり GDP と所得の中央値の推移（日本）

出所：生産性白書より再掲

中央値の上昇率は1%未満の停滞状況にある（中でも日本は2010年代、ギリシャ、イタリア、メキシコ、スロベニア、スペインと並ぶ低上昇率にあった）。

　中間層の所得の伸び悩みの意味することは何か。日本の所得の平均値（一人当たり GDP）と中央値との乖離が拡大しており、この期間に所得の格差が拡大していると「生産性白書」は指摘する（図表7-6）。すなわち、所得上昇が上位層に偏っていて、生産性向上の成果の配分が幅広く行きわたっていないことを示している。

　この要因として、デジタル化の進展による一部の高スキル労働者への需要拡大と経理・人事給与・販売・物流管理など幅広い業務で IT 化が進み、一部の労働が代替されていると、「年次経済財政報告」(2018) は分析している。また、海外売上高比率の高まりやパートタイム労働者の比率の高まりによって日本国内の人材育成投資が抑制され、労働分配率が低下していることが指摘されている。

　「生産性白書」ではさらに、技術はもはや万人を救うとはいえず、IT リテラシーやインターネットへのアクセスを持たざる労働者への不利益、いわゆるデジタル・デバイドが顕在化していると指摘する。これまで以上に個々の知識と能力と所得の関係性が強くなったのだ。

　デジタル技術やサービス化経済の進展により、モノからコトへ、価値の

図表7-7　労働分配率の推移

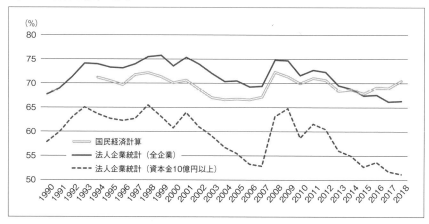

出所：「生産性白書」より再掲

（注：労働分配率は、複数の計算方法があるが、個々では代表的な国民経済計算（＝雇用者報酬／国民
　　所得・要素費用表示）、法人企業統計（＝人件費／付加価値）による計算方法に基づいている）

源泉が移り変わり、企業における無形資産の意義が高まる中で、労働者への
配分（労働分配率）、すなわち賃金への配分が低下し続けている（図表7-7）。

　このような傾向は日本だけではなく、米独など多くの国が共通で、グロー
バルレベルで生産性向上の成果の配分に課題があり、生産性向上と成果の分
配の好循環が機能していない状態になっているのだ（図表7-8）。

（齋藤　奈保）

---

2 人材育成の方向性とダイバーシティの 進化、雇用の本質を考える

　好循環とは「生産性が向上し、人々がより熟練した仕事に就き、より質の
高い製品・サービスを提供し、賃金が上昇する」ことである。この好循環が
社会にとって重要である。しかし、現状は、従来労働者に求められてきたス
キル・能力が、デジタル技術などに代替され、生産活動に参加できず、結果
としての生産性向上の成果の配分が受けられない人々を増やすことになって

図表7-8　OECD加盟国の労働分配率の変化

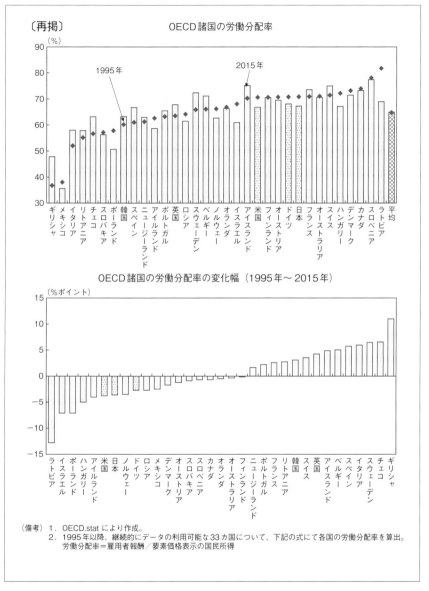

（備考）1．OECD.stat により作成。
　　　　2．1995年以降、継続的にデータの利用可能な33カ国について、下記の式にて各国の労働分配率を算出。
　　　　　労働分配率＝雇用者報酬／要素価格表示の国民所得

出所：内閣府「年次経済財政報告」2018年

しまった。

　好循環を機能させるためには、社会の重要なステークホルダーである働く人々への分配について官民で考えていく必要がある。なお、ここでの分配は、賃金のような金銭的なもののみならず、良い処遇を受けられる条件となるプロセス、つまり新しい知識や能力を身に付ける機会を均等にするなど、非金銭的なものも重視して考えるべきである。

　これまで日本の人材育成は、企業が新卒採用した正規雇用者を主に OJTで鍛え、習熟能力を高めるといったことが大きな特徴といわれてきた。

　現在、われわれが直面しているのは、ディスラプション（破壊）を念頭に置いた環境にどう対応するかである。すなわち、人材育成の方向性は社内でしか通用しないスキルを磨くことだけではなく、社外でも使えるスキルを醸成することが問われているのだ。デジタル化は指数関数的な動きを見せる。さらに、労使双方において長期継続雇用を前提としない働き方や兼業・副業に対する意識も大きく変化している。異質異能で多様な人材・能力を持つ人材を育成することによって、創発されるイノベーションが産み出される組織体へと大きく舵を切らなくてはならない。育成の方法も OJT 中心の日本的人材育成を早急にあらためていく必要がある。

　まず、リカレント、リスキリング、アップスキリングといわれる、学び続けることの重要性について労使双方の意識を革新しなければならない。図表7-9に示すとおり、教育訓練の業務上の有用性の評価について日本は最下位であり、特に今後一層増加する高齢者のスキルを維持する上で大きな課題である。

　OFF-JT など教育を充実させ、働く人々の人材価値を拡大するためには、企業側において戦略的に必要とする能力を再定義していくことや人材育成の対象者について考えることも重要だ。現実の職場の実態を見ても、業務遂行するのは正社員だけではなく、外部人材などと協働しながら仕事をしているのは珍しいことではない。内閣官房日本経済再生総合事務局の「フリーランス実態調査」（2020）によると、フリーランサー人口は462万人としていることからも、外部人材の活用比率は今後も高まっていくと思われる。従って企業が生産性を上げ、成果を高めるためには「正社員中心」の人材育成策だけでは不十分ということになる。組織内外の働く人々に必要な教育研修を実施

図表7-9　教育訓練の業務上の有用性の評価

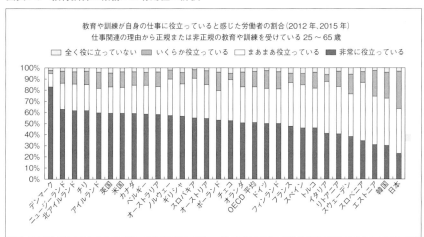

教育や訓練が自身の仕事に役立っていると感じた労働者の割合（2012年、2015年）
仕事関連の理由から正規または非正規の教育や訓練を受けている25〜65歳

□ 全く役に立っていない　■ いくらか役立っている　□ まあまあ役立っている　■ 非常に役立っている

出所：OECD　Education Policy in Japan: Building Bridges Towards 2030

することが生産性向上にとって大変重要である。

　また、雇用形態によらず、複数の組織とコラボレーションすることができるギグワーカーのような人材が新しい情報や手法をもたらし、組織に揺らぎを与え、正社員にも行動変容を促すなど、その火付け役となることが期待される。以上、企業を中心に記述したが、政府も一層考え、対応しなければならないのは当然だ。前述のドイツのように国家戦略として生産性を位置付けるならば、教育もセットで考える必要があることは理解できるはずだ。働く人々をどう支援するか、省庁の枠を超えたダイナミックな政策立案と実行を期待する。

　多くの企業が労使で議論し、人事政策の中心にダイバーシティを掲げ、性別や年齢といった多様性を認識した戦略を実行し、一定の成果を上げている。しかし、グローバルレベルで言えば、日本のジェンダーギャップ指数ランキング（世界経済フォーラム）は153カ国中120位（2021年）であり、まだ発展途上と言わざるを得ない。

　これまでのように属性で多様性を考えるデモグラフィー型で論じるのは分かりやすいが、これからは多様性の「質」にも注目することが重要だ。その点で、早稲田大学の入山章栄教授は「ダイバーシティとは、性別や国籍、

図表7-10　2種類のダイバーシティ

	タスク型	デモグラフィー型
例	知見、能力、経験、価値観など	性別、国籍、人種、年齢など
特性	その人の内面にあり、見えにくい	目に見えやすい
組織への効果	組織パフォーマンスにプラス	組織パフォーマンスにマイナスになる場合もある
説明する代表的理論	知の探索など	社会分類理論

出所：入山章栄「世界標準の経営理論」（2019年）より再掲

　年齢、セクシュアリティなど、『属性』に限ったことではない。さまざまな経歴を持ち、得意分野を持つタスク型ダイバーシティにも着目すべきである」と述べており、着目すべきだ（図表7-10）。

　ダイバーシティはもはや人事のレベルではなく、経営そのもののレベルで考えるトピックスになったと理解した方がよい。これまで日本的経営の特徴の一つであった属性中心の人事管理を是正することが必要だ。働く人々が常にスキルアップを意識し続け、自らのキャリアを高めるような仕組みを創造していかねばならない。

　人事管理といえば昨今、日本型雇用の特徴とされる「メンバーシップ型」から「ジョブ型」に変革することに関心が高まっている。しかし、ジョブ型にすれば必ずしもうまくいくとはかぎらない。どのような制度も「その組織や仕事に合うか合わないか」で意思決定することが原理原則だ。人事管理上絶対に必要なのは制度と運用が「客観性と公正さ」で貫かれているかである。この観点からすると、まず属性中心の人事管理を是正した上で、メンバーシップ型とジョブ型のメリット・デメリットを自組織の風土・体質を基準に考え、ハイブリッドすることが重要だ。さらに重要なのはそれが働く人々のスキルアップやキャリア形成、そしてエンゲージメント向上につながるかどうかであり、これこそが将来の成長の条件と言えよう。

　生産性の主人公は働く人々だ。生産性の向上は社会を安定させ、人々の暮らしを豊かにし、社会を健全にするものだ。多くの働く人々は企業という

媒体を通して生産性を向上させ社会に貢献する役割を担っている。

　戦後、日本企業の雇用慣行として「長期的継続的雇用、年功的賃金、正社員中心、新卒採用し定年までOJTを軸に育成する」などといったことが挙げられるだろう。

　詳述は別途の機会に譲るが、この慣行が有効に成立する条件は社会経済の未来がある程度予測される連続線上にあることだ。しかし、現在の社会経済環境を見れば完全に不連続線上にあるのではないだろうか。これはグローバル化、デジタル化だけでなく、働く人々の意識や価値観がいわゆる「標準」では捉えられないように多様化したのだ。

　今回のコロナ禍を受けて雇用の観点からさまざまなタイプが生まれ、現実化している。

　例えば米国では、一時帰休となった労働者を人手不足の他企業とマッチングさせる、従業員シェアが活用されている。ブルッキングス研究所の2020年7月に発表されたリポート「Reopening America: Three ways to preserve jobs」によれば、米国の大手百貨店・メイシーズが休業とした従業員を、大手小売りのウォルマートが一時的労働力として活用する事例が紹介されている。中国のアリババグループのスーパーマーケット盒馬鮮生や、大手小売の盒馬、蘇寧でも同様の取り組みが行われている。このリポートでは「従業員シェアが、労働者がフルタイムの雇用を手にし、企業は需要に応じて従業員の増減の調整を臨機応変に行う、新たな形の雇用策となること」が理想だとしている。2020年5〜6月に実施した「世界経営幹部意識調査（C-Suite Challenge™）『ポストコロナの世界と企業経営』」では、日本の経営者も世界の経営者と同様、新しい働き方の採用、フレキシブルな労働力の活用を重視しているという結果となった。これは、日本企業がコロナ禍の苦境を通じ、新たな雇用のあり方を模索しようとする意識の表れと見られる。

　これらの環境変化は企業と従業員の関係性が将来、上下関係から水平関係、役割関係に変わることを意味するのではないだろうか。となると成果の配分の考え方やその方法も大きく変えねばならないだろう。極端に言えば「正規/非正規、内部/外部」といった外形的な区分で雇用を考えるだけではおぼつかない。これからの職場は「仕事内容」を基準としたチームを随時編成することが増加し、仕事をするチームメンバーがいわゆる正規雇用者、多様

な雇用契約者、ギグワーカーなどで構成されるのだ。従ってこのチームの仕事を成功に導くためには所属や雇用形態にかかわらず、それぞれがスキルを向上させる機会を得ることや、仕事を続けるための各種の福利厚生的な施策、仕事の価値に見合った適切な報酬などを得ることが必要となる。

兼業・副業・ワークシェア・従業員シェアなど働き方の変化は今後も継続するだろうし、正規・非正規、パートタイマー・フルタイマーなどといった外形にとらわれた雇用観だけでは通用しなくなるだろう。すべての雇用がそうなるとは言わないが、かつての静的な雇用から、動的な雇用に転換することを前提に考える時代が来たのだ。

そして、雇用は働く人々の多様な機会均等や人として尊重されること、そしてディーセントワークが保証され、日々を憂うことがなく、明日を考えられる処遇などの仕組みでなければならない。このような雇用概念は労働法をはじめとする多くのマクロ、ミクロの変革を促す。官民、労使などによる、将来の雇用の本質について徹底した議論が望まれる。

（大川　幸弘）

〔注〕

15　OECD "Under Pressure : The Squeezed Middle" 2019.

第 8 章

CHAPTER:08

生産性改革の本質
～再投資につながる公正分配を～

1 生産性改革の本質を考える

　「企業とは何か」「企業の存在意義は何か」といったことが近年問われている。そして、コロナ禍が一層その動きを加速させている。この問いに対する回答の方向性は、国連が2015年に提唱したSDGs（持続可能な開発目標）の取り組みを多くの企業が実践していることや、国連責任投資原則（PRI）をベースとしたESG投資（従来の財務情報だけでなく、Environment・Social・Governance要素も考慮した投資）もあっという間に大きくなったこと（GSIAによると2018年の世界のESG投資資産は2016年比で約1.4倍の30兆ドル超。日本サステナブル投資フォーラムの調査では日本の投資残高は2019年には336兆円となり、前年比45%増）ですでに示され、一定のコンセンサスを得ている。さらに、ESG融資という概念も生まれている。これは、これからの企業のあり方を示すということであり、ミルトン・フリードマン教授に代表されるマネタリズム、新自由主義に影響された考え方や、それによる行き過ぎた市場万能主義、そして過度なグローバル化への期待などへの反省の結果とも言えるだろう。

　世界の識者たちの考え方をまとめた『世界最高峰の経営教室』によれば、例えばハーバード大学のマイケル・ポーター教授は、企業が社会課題解決に対応することで経済的価値を高めるとともに、社会的価値を創造するアプローチであるCSV（Creating Shared Value：共有価値の創造）を提唱している。また、インシアード経営大学院のジャズジット・シン教授は、ESGに企業が注力する理由として、そうしなければBtoCの観点から「社会や市民から評価されない」ことや、BtoBの観点からも「取引先としても評価されない」ことを挙げている。すでに述べたが、ステークホルダー重視の経営の重要性については世界中のリーダーたちも言及している。コーポレートガバナンスの権威でオックスフォード大学のコリン・メイヤー教授は「企業の目的は地球上の人類が抱える課題に対して利益を生み出せる解決策を提示することだ。慈善活動や寄付とも違う。社会的起業とも違う。社会や環境にある課題の解決策を提供することで利益を生み出す。これこそが企業の役目だ」とし

ている。

　企業はもとより、社会課題の解決のためのインフラである。人間にとって企業それ自体が最終的な目的ではなく、豊かさや利便性、暮らしやすさを創造するインフラである。そして、企業は社会によって生かされている存在であり、社会からその存在意義を認められた企業こそが持続的に発展し、成長する。組織である以上、当然のことながら売り上げと利益がないと存続できないのは言うまでもない。組織には安定性が必要で、それを欠けば社会課題解決の生産性が低くなる。フリードマン教授がかつて主張した「企業の社会的責任は、ルールの中で競争して利益を増やすことに他ならない」ということは企業の役割の一部にすぎないのだ。売り上げと利益は最終目的ではなく社会にとって有益なインフラを存続させるものにすぎないのだ。

　もう一つ考えねばならない重大な課題は、いわゆる「格差」だ。パリ経済学院のピケティ教授が2013年に著した『21世紀の資本』が世界中の人々に格差を大きな社会課題として認識させた。さらにニューヨーク市立大学のポール・クルーグマン教授やコロンビア大学のジョセフ・スティグリッツ教授といった世界的な経済学者が絶賛したこともあり、日本でも注目されたことは記憶に新しい。ピケティ教授はこの著作で経済格差の原因は資本格差であるとし、米国をはじめ欧州などでますます広がっているとした。

　さらにグローバル化、デジタル化に加え、今回のコロナ禍においてますます格差は開いているといわれている。資産が所得を増やし、一層、資産を増やしている。まるで19世紀以前のような固定化された身分・階級社会に戻るとは思わないが、このまま格差が開き続け、中間層といわれる人々が減少し続けるのは決して健全な社会とは言えないだろう。

　少し横道にそれるが、分厚い中間層が存在することは、健全で善い社会にとって欠かすことのできない要件である。われわれは、少人数の富裕層と大多数の貧困層で構成される社会は、想像しただけで成り立たないことは本能的に理解している。しかし、あえてアリストテレスの考え方を『政治学家政論』(2018年　岩波書店　内山勝利他)から引用しよう。彼は中間層の重要性について、以下のように述べている。

　「どの国家であっても、国家には三つの部分がある。つまり、ひときわ富

裕な人々、ひときわ貧しい人々、第三に両者の中間層の人々である」

「このような中間層の人々は、他の市民に比べて、国家のなかで最も安全な位置にいる。というのも、彼らは貧しい人々のように、他の人のものを欲しがるということはなく、貧しい人が裕福な人のものを欲しがるようにだれかが彼らのものを欲しがるということもないからである」

「中間層はどちらか一方の側に着くことで形勢を変えることができるので、正反対の極端な国制が生じるのを防げることになるのだから」

このように、分厚い中間層を育成することは社会の安定と健全性にとって最重要であるばかりか、中間層はさまざまな意味で、企業にとっても良きステークホルダーになるのだ。

従って、企業が目指すべき生産性改革は大きな枠組みとして、企業それ自体の成長と発展のためにも、社会課題解決を抜きにしては語れない。

さらに言えば、生産性を向上させただけでは社会課題は十分に解決されず、その成果を何に誰にどのように分配するか、その分配がステークホルダーの期待に応え、納得を得られるあり方かどうかを、企業は考えなければならないことになる。

これまでは、売り上げ・利益向上はもとより生産性向上自体がともすると目的になったこともあった。また、分配についても労使間で賃金などを考えることが主軸であり、場合によって寄付やメセナ、社会貢献活動などへの分配が議論されてきた。しかし、それだけでは済まされない時代となったのだ。企業にはこれまで以上に社会の公器としての役割が求められている。ということは成果の配分を公正さの観点から吟味する必要がある。成果を生み出す原動力は第5章で触れた3つの投資を中心になされることがまず重要だ。その上で、それをどう配分するかまで考えることがより重要になった。金銭面だけでなく、成果配分が次の生産性向上実現のための再投資となる機能をどのように効果的につくるかがキーポイントになる。生産性向上が持続的に実現するというスパイラルアップした状態こそが好循環であり、これからの生産性改革にはこの好循環を創り出す視点が最も重要である。

（大川　幸弘）

2	**経営者の卓見〜成長と分配の好循環〜**

　生産性改革は「何のために行うのか、そして誰のために行うのか」との根源的な問いは現在の日本の生産性課題を解決するために、極めて重要な問いである。生産性上昇率の向上、特に付加価値の拡大（分子の改善・改革）と向上した成果の多様なステークホルダーへの公正な配分は、まさにこれからの経営の重点課題となった。

　本節ではこの点について経営者たちの卓見を紹介したい。

変化に対応した構造的課題解決と生産性

片野坂　真哉　氏
ANAホールディングス　代表取締役社長

　ANAホールディングスは今回のコロナ禍により全産業の中で恐らく最大の悪影響を被っている企業の一つだ。同社代表取締役社長の片野坂真哉氏は「人間」を第一に考え、生産性理念を元にステークホルダーに真摯に応える経営を実践されている。現在は一時的にコロナ禍でダメージを負ったが、顧客満足と価値創造を掲げ、グローバルエアラインに同社を発展させた経営者である。片野坂氏の指摘する社会課題と経営のあり方は、これからの経営のあり方を考える上で、大変重要な指針となるだろう。

（生産性新聞の連載企画「コロナ危機に克つ」のインタビューにおいて、生産性向上の成果配分について、考えを示していただいたものの再編集である。）

ステークホルダーとしての従業員にも還元を

　2019年、フランスで開催されたG7サミットに際し開かれたB7サミット（G7ビジネス・サミット）では、欧州諸国が格差是正に対する問題意識を非常に強く示していました。日本では1年ほど前に過重労働や残業時間の見直しが議論になりましたが、残業抑制によって削減されたコストは従業員にも還元するべきだと思うのです。ステークホルダー資本主義への転換が課題となっています。株主、顧客、取引先、地球環境といったステークホルダーの中に従業員が含まれます。

　従業員への還元とは、給与・賞与だけではなく、福利厚生、事業・職務内容が変わった際に別の分野でも活躍できるような技能習得を含めたリカレント教育や訓練の提供、テレワークにおける通信などの環境整備など、多様な方法があるのです。例えば、米国では、従業員が自宅をオフィスとするための環境整備を企業がサポートする事例があります。

　コロナ禍においては、業績が低迷し、財政的に厳しい状況に置かれている企業も多いですが、従業員の勤務形態の変化によって生じるオフィス賃料や通勤手当の削減なども含めて、事業回復に向けた原資確保をしていく必要があると思うのです。

なぜ ESG 投資に関心が高まっているのか

　全てのステークホルダーに地球環境が加わり、米国でも ESG 投資に関心が高まっている。

　一般論として、損害保険業界においては、地球温暖化による自然災害の規模・頻度の増加と、それに対するリスク認識が年々高まっており、災害による被害への補償（保険金）が払いきれない、という懸念が出ていると聞きます。また、地球のどこかで感染症が発生し、瞬く間に全世界に広まった場合、企業が生み出した利益もその対策に使われる可能性があります。これらを防ぐために温暖化対策など持続可能性を維持する取り組みは、全世界で支える必要があるのです。

　しかしながら、現状をみると、コロナ禍において国内では都道府県の分断、世界では自国主義と、自分だけ良ければ良いとの流れになりつつあり、もっと交流を促進しなければならないと考えております。さらにコロナ禍で広まる医療従事者に対する偏見や子どものいじめ問題についても懸念を抱いています。

ビジネスモデルの変革

　新型コロナウイルスにより社会が変わり、顧客や従業員の意識も変容していくため、企業はアフター・コロナ／ウィズ・コロナを意識したビジネスモデルに変えていく必要があります。

　また、航空業界では、台風や地震、洪水などの天災をはじめ、テロ、戦争など不定期かつ突発的なリスクを日ごろから抱えており、平生から備えておかなければなりません。過去のリスクに学び、迅速に対策を講じる準備が肝要です。2019年の夏、中期経営計画の策定にあたり、過去に直面した経営危機とその際の対応策を年表にまとめて役員会で議論をしました。その時議論されたこととして、従業員の業績連動型賞与への変更、確定給付企業年金から確定拠出年金への変更、一カ月休務制度や早期退職制度の導入などがありました。

　一カ月休務制度はこれまでは語学留学などに活用されていましたが、今回のコロナ禍では海外渡航が制限されていた事情もあり、客室乗務員や間接部門などを対象に一時帰休や、ワークシェアを導入しました。

コロナ禍における生産性の展望

　（日本生産性本部が毎年公表する労働生産性の国際比較について）コロナ禍の影響によりどのような変化が生じるかに注目しています。

　経済へのダメージや多くの企業の業績悪化で付加価値の低下が懸念されます。かねて課題であったAIやIoTなど先進技術の活用を急ぎ、生産性を向上させる必要があると考えています。加えて、コロナ禍で在宅勤務が増え、時間による労務管理がそぐわない状況も浮き彫りになりました。成果型の労働法制への見直しも課題となると思います。

　そして、2019年4月に米国ニューヨークで開催した第1回「生産性ビジネスリーダーズ・フォーラム」で、米国側の経営者は兼業やギグワークなど新しい働き方に触れておりました。日本でも間違いなく兼業・副業が増える傾向にあり、時間管理を軸とした労働法制や雇用保険など、追い付いていない課題への対応が必要になってくると思います。

　もともと構造的に存在していた解決すべき課題が、コロナ禍によって浮かび上がったのです。人類はこれまでもさまざまな知恵で困難を乗り切ってきました。ダーウィンの進化論のとおり、国も企業も従業員も、この反省を機に変化に対応していかなければならないと考えています。

　（日本生産性本部）＊2020年7月8日取材。所属・役職は取材当時

包摂的な仕組みづくりとコーポレートガバナンスの本質

冨山　和彦　氏
経営共創基盤　IGPI グループ会長

　経営共創基盤グループの冨山和彦会長は、バブル崩壊以降、日本の
産業の崩壊をくい止め、その将来を創造するための役割を果たす一方、
経営共創基盤を創業し、みちのりホールディングスなど事業会社を創
業するなど、コンサルタント、オピニオンリーダー、経営者などの顔
を持つ。一言で紹介することが困難なマルチ人材であり、論理的でリ
アリティ溢れる言動には特に着目すべきである。

日本の生産性が向上しない原因

　日本はこの30年間で、米国や欧州に差をつけられました。これは明
らかに、グローバル化とデジタル化という不連続な環境変化に、日本
の産業構造全体あるいは企業の個別の事業モデルや会社のありようが
合わなくなったことが要因にあります。

　その前の30年間は、日本は人口が増えており、大量生産、大量販売
型の加工貿易立国で、製造業を商社や銀行が支えるという産業モデル
で成長してきました。いわゆる改良・改善型のビジネスモデルで、か
なり集団的なオペレーショナル・エクセレンスの闘いがメインのゲー
ムだったのです。そこでは、日本的経営システムが大変よく機能して、
圧倒的に先行していた欧米の製造業を追い抜いていきました。そのプ
ロセスで大量の中産階級が生まれ、その中産階級がまた旺盛な消費を
行うという消費と生産の好循環があったので、それが生産性の向上に

寄与してきました。資本投資もたくさん行われ、人口も増え、さまざまな改善・改良が有効に機能していました。

ところが、90年を境にさらなるグローバル化が起き、この環境が変化してしまいました。日本の得意だったモデルを、大幅に安い人件費で行う国が突然、市場に入ってきたのです。そして、そこで大量の製品が作られ、当然、価格が下がり、生産性の分子である付加価値が消失していくという問題が起きてしまいました。

それに対して米国は、デジタルシフト、ナレッジインダストリーシフトを行うことで、そういう競争に巻き込まれないモデルへシフトし、違う形の付加価値の生み方を見つけました。その結果が、特に1990年代から2000年代に米国の生産性が上がり始めたことにつながっています。

日本の産業構造も企業構造も、集団でハードウエアを作るモデルに過剰適応していたので、それに対応できなかったのです。また、バブル崩壊後のさまざまな危機的状況に対応するのが精いっぱいで、構造改革に手をつける余裕もありませんでした。

危機的状況では、破壊的現象が起きるので、社会的ストレスがとても大きくなります。結果的に、われわれが半分無意識のうちに選択したのは、とにかく危機をしのいで元に戻す、復元するというモデルを繰り返すことであり、根本的構造はむしろ危機によって変わりにくくなってしまいました。その間に、米国も欧州も変わっていったので日本が取り残されたというのがこの30年間です。

包摂的な新陳代謝の仕組みづくりが日本企業の長期的課題

グローバル化とDX（Digital Transformation、以下DX）の波は、今回のコロナ禍でさらに領域が広がり、いろいろな産業で次から次へと変容が起きると考えています。そうすると、産業レベルでも企業レベルでも、新陳代謝力を上げないと生産性を上げられません。

日本の企業がまず長期的に考えなければならないのは新陳代謝なのです。日本の企業体はあまりにも新陳代謝がないのです。なぜなら、新卒一括採用で終身年功制という形態なので、40年に1回しか人は入れ

替わりません。多様な変化が多発的に起きるときに、40年に1回しか人が入れ替わらない組織体では対応するのは困難です。

　会社の形を、新陳代謝が常態として起きるような形に変えるためには、少なくとも部分的には日本的経営と決別し、その先に新しい仕組みをつくらなければいけません。その際のキーワードは、やはり包摂性、インクルージョンだと思います。

　例えば、さまざまな人たちを排除する形で新陳代謝を行うと、当然ながら格差や分断の問題が生まれます。全てのステークホルダーに対応するのではなく、例えば株主のためだけに対応してしまうと、エクスクルージョン（排除）が起きてしまいます。だから、包摂的な新陳代謝の仕組みを産業レベルでも企業レベルでもつくれるかが長期的、本質的な課題だと思うのです。しかし、これはもう一企業だけではできない問題です。まさに包摂なので、大企業だけではなく中堅・中小企業も含めて、社会全体で新陳代謝の循環があるとよいと考えています。ある会社はその種目を変えていきますが、別の会社は違う種目の変え方をしていくことによって、人材が別のところで生きる、このような生態系をつくれるかが、日本の経済社会全体で一番根本、根源的な課題だと思います。

　実はこのことは、現在、欧米が行き詰まっている問題に対する解にもなるのです。欧米がデジタル型で勃興してきたモデルは、極めて一部の超エリートの中で、ものすごい勢いで新陳代謝力を上げて、そこで勝ち残った人が成長を牽引してきましたが、一般の人々が全然潤わないという問題が起き、格差、分断などが起きました。

　日本は、出遅れた分を追い付くこともやらなければならないですが、同時に、彼らがすでに直面している問題に対する答えも提示していくことによって、一周遅れから一周先に行くことも可能になるのです。

経営者の役割とガバナンスの本質

　日本の短期、中期的な課題として、個々の企業経営者のレベルでは、会社に多様な知や新しい発想を取り入れるといったダイバーシティ・インクルージョンにどれだけ真剣に立ち向かうかが重要です。会社の

中に多様な知を入れることや会社間の再編や組み替えなどを行うことによって、社内をかき回していくということが大事で、そのかき回しを経営者自身が積極的に果敢に行うことが求められています。

　従来のイナーシャ（慣性）の中で、微調整でやっていくのであれば、経営者にそんなにストレスはかかりません。企業の大中小、業種を問わず、同質的で固定的なメンバーでやってきた会社に多様な知を入れるには、社内を多様化かつ流動化させなければなりません。ところが、現場には日々のイナーシャが強烈に働いているので、それはボトムアップでは自然に起こらないのです。経営者は変革を続けながら、今稼いでいる現場できちんと稼ぐことを同時に行うことが求められます。例えば、ずっと野球をやってきた会社に、サッカー的要素も入れる、あるいは割と個人種目のテニスやゴルフであったり、場合によっては歌を歌いますといったように、企業の中身を多様化かつ流動化させて、組織能力を変革させなければならないとなると、従来のイナーシャからは相当違うことをやることになります。従って経営者は、すごく微妙なバランス感覚を持ちながら、かつ組織の多様化や流動化を進めなければならないのです。これは、短期的にも長期的にもすごく難しい経営をリーダーである経営者に求めることになるのです。

　では、そのリーダーをどう選ぶのかあるいはリーダーの質をどう担保し、どうそれを監視するのかはガバナンスの役割になります。企業のガバナンスの本質は、組織の変容、企業の変革を本当にリードしていける経営者を、どう持続的に企業が輩出できるのか、それをどう実現するのかにあるのです。ガバナンスというと、コンプライアンスのイメージに取られやすいと感じますが、それは本質ではありません。また、株主価値や株価を最大化することがガバナンスでもありません。株価は結果であり、企業が持続性や成長性、収益性を取り戻せば、結果的に株価は上がっていくのです。

　すごく優秀な、能力のある経営者がいる企業では、その人がずっと経営者をやればいいのですが、優秀なリーダーも人生有限なので、次の代、またその次の代に、卓越したリーダーが出続けるのか、あるいは次の人が卓越的ではなかった場合にどう交代させるのかという仕組

みをきちんと担保しておかないと、結局、一業一代で終わってしまう
のです。大経営者により成長したが、その後、没落していく企業を数
多く見てきました。それだからこそ、多様性のある経営人材のプール
をつくることが重要なのです。

　社内の業務の状況をよく分かっている生え抜きで育った人が、その
延長線上でさまざまなことを経験して社長になるのが、クラシックな
日本のモデルでした。先ほどの例えで言うと、種目が野球であること
が変わらない環境下で、オペレーショナル・エクセレンスで改善・改
良をやっていく、そしてその延長線上で今後も戦い続ける状態です。
しかし現在企業が直面している環境は、種目である野球が急になくなっ
たり、野球がサッカーになったりする環境です。このような変容が頻
繁に起きるので、これまでの社内での経験がかぎられたものになって
しまうのです。この環境において経営者という仕事は、オペレーショ
ナル・マネージャーの延長線上にあるかというとそうではない可能性
が高いです。オペレーショナルなエクセレンスをきちんとリードでき
ることは、恐らく必要条件ではあるが、十分条件にはなりません。例
えば、工場オペレーションの経験しかない人は、経営の立場でファブ
レスにする決断はできないと思います。この場合、戦略的にどうして
もファブレスにする方が正しいというときには、その判断をするのが
経営者なのです。経営者には、経営という一つのプロフェッショナリ
ティや違ったレイヤーの経験を積むことで、その職能を鍛えてもらわ
なければいけないのです。会社の中でそうした経験を早めにさせるこ
とや、その機会がないのであれば一度転職して、他社で経営を経験し
てもらうといったことで、多様性のある経営人材プールをつくってお
く必要があるのです。

人的資本は公共財

　産業構造が知識集約型になる流れは止まらないと思います。そうな
ると、良くも悪くも人的資本に依存することになります。今までは、
ごく一部の高度人材によって、DXやグローバル化は進んでいて、その
人材がリターンを得てきました。今後、日本の企業や産業界が、より

インクルーシブ（包括的）なイノベーションを追求していくのであれば、幅広い意味での人的資本に対する投資が大事ですし、人材の流動性が前提となります。この場合、日本企業は人材との向き合い方を変える必要が出てきます。企業に5年、10年いて、その企業のためにさらに将来も頑張る人がいたり、世の中に出ていって、そこで能力の花を咲かせる人もいるだろうし、またそこから戻ってくる人もいるのだろうと思います。企業は「辞める人材を裏切り者」とは言わないで、「人的資本というのは公共財である」とある意味で割り切って、人的資本に投資するべきであると思います。

　さまざまな形で世の中に人材を輩出していくということは、ある種の、社会というステークホルダーに対する還元なので、そこに日本企業というのはもっと投資をしていくべきだと思うのです。

終　　章

FINAL CHAPTER

PX　生産性トランスフォーメーションで
善き社会を創る

1 どんな社会を目指すのか～善き社会像～

　われわれはどのような社会を目指したいのか。現代のような多様で多元的な社会に求められる「善き社会像」とはいったいどんなものだろうか。

　現在、われわれは100年に一度の転換点に立っている。グローバル化、デジタル化、そして、インダストリー4.0やコロナ禍などがこれからの社会経済を変革することは確実であり、これらが人間の働くこと、生きることを大きく変える未来が見えている。

　20世紀はいわゆる産業化、民主化によって特に先進国において、それまでの身分や階層をある程度解消し、結果として中間層を増加させ、物理的な豊かさを享受する人々を増加させた時代だ。不幸にも植民地としてそれまで搾取されてきた国々も第二次大戦終結後にその多くが独立を果たし、先進国との格差はいまだ大きくあるものの、紆余曲折しながらそれぞれの産業の発展によって生活レベルは向上している。20世紀末に本格化したグローバル化は当初思い描いたように理想的な社会をもたらせたかというと、まだまだ十分とは言えず、新たな課題を数多くつくったことも事実だ。しかし、少なくとも一定程度は生活水準や利便性の向上をもたらした。グローバル化との因果関係を証明するのは困難だが、ハンス・ロスリング博士らが著した『ファクトフルネス』によると、例えば「極度の貧困は過去20年に半分になっている」ことや「世界の平均寿命が70歳となった」こと、「低所得国の女子も60％が初等教育を修了している」ことなど、現在は、以前に比べて良くなってきているのも事実だ。とはいえ、現実の社会に目を向けると、まだまだ「格差、貧困、疎外」などの課題がなくなったわけではない。しかもコロナ禍による悪化も大いに懸念されている。

　国連が提唱するSDGsが方向性を示しているが、「われわれの目指したい社会、善き社会とはどのようなものか」といった難しい課題を個々人が深く考え、議論し、その実現に向けて努力し、自らが積極的に行動することが重要ではないだろうか。

　そのためのキーワードは「健全性」「バランス」「自由」そして「ヒューマ

ンセントリック（人間主体）」だと考える。

　このような観点で、われわれなりに善き社会について考えてみたい。

　まず1つ目は、「誰にでも機会が均等に与えられる社会」だ。性別、人種、年齢、門地などの属性で機会を奪うような社会は不公正かつ流動性を阻害することとなり、社会の活性化を阻む。次に2つ目は、「失敗しても努力と意志と能力によって復活が可能な社会」だ。ただ一度の失敗、例えば起業の失敗、経営の失敗などで失敗者の烙印を押し、未来の道を閉ざすような社会は健全とは言えない。本人の努力、意志や能力を尊重する社会は活力があり、イノベーションを生む基盤となるのだ。そして3つ目は、「身分や階層が世代を超えて固定しない社会」である。第二次世界大戦終結後に植民地の独立や民主主義の広がりなどで、身分・階層による差別はずいぶん改善されたが、21世紀に入り、民主主義の停滞や産業の知識化によって富めるものとそうでないものといった分断が起きている。その分断が新たな身分・階層を形成し、逆転を許さず、固定化させる可能性がある。われわれは、19世紀以前の社会に戻してよいのか。自由、民主主義、基本的人権、法の支配、市場経済といった価値観を拡充しなければならない。4つ目は、「個人の尊厳が重視され、明日の暮らしに恐れがない社会」だ。社会の基本単位である個人の尊厳を相互に認知し、尊重しなければならない。個人には自由に時間を使い、モノもコトも多様な選択肢から自由意志で選び、戦争や暴動などの恐れがない平和な暮らしが担保されていることが基本だ。

　これら4つの総体が、われわれの考える「善き社会像」である。4つともその内容に「健康や教育といった人的資産」「住居、移動、食料といった物理的資産」や「安全、安心かつ清潔な環境といった無形資産」などを含む、人間の成長の源が公正であることを盛り込んで考えてみたが、読者の皆さまはどのようにお考えになるだろうか。われわれは前述の「健全性」「バランス」「自由」そして「ヒューマンセントリック」といったキーワードに基づいて努力し、行動すれば「善き社会」の実現に近づいていくと考える。

　生産性は社会を豊かにする根源だと第1章に述べた。善き社会の実現の、そして生産性向上の重要な担い手は言うまでもなく、働く人々であり、組織のリーダーである経営者の役割が重要であることをあらためて強調したい。

2 | 変わる企業と経営者

かつてフリードマン教授が主張した「企業の唯一の目的は利益を生み出すことだ」とする考えだけでは立ち行かない時代になった。今やステークホルダー資本主義や公益資本主義という概念が世界中で語られている。企業の自己利益追求だけでは済まされないのだ。

また、かつて渋沢栄一氏が指摘した『論語と算盤』においては、まず公益、そしてその先の私益は、利他主義、ケアの倫理の重要性を強調した考え方だ。

このような企業観には、世界中の主要な経営者をはじめ多くの経営者が賛同しているため、いずれ近い将来、コーポレートガバナンスの意味や価値を変える大きな流れになるだろう。

コーポレートガバナンスの目的は、株価対策でもコンプライアンス強化でも法律対応でもない。ましてや社外取締役や社外監査役、独立取締役などを複数名選任することでもない。これらは確かに外形標準として求められる点ではあり必要だが、本質ではない。これは全体でなく部分だ。本質は、生産性を向上させ、社会課題解決やステークホルダーへの公正な配分で企業を成長させることができる、いわば「公共財」と言ってもよい卓越した経営者を選ぶ体制であり仕組みだ。

企業はもとより社会の一員であり、公器である。社会が安定的で健全かつ持続的でなければ、存続することはできない。だから卓越した経営者が必要なのだ。経営者は「企業は社会によって生かされている存在」という基礎認識を持つべきだ。

社会のデジタル化、コロナ禍を受けてさらに善き社会にしていくために企業はまず「事業を通じて貢献すること」が存在意義であることを再確認しなければならない。国連のSDGsも急拡大するESG投資も企業に対して善き社会創りへの貢献を求めていると考える。

そして、社会課題を解決し、善き社会を創る重要な担い手である企業を成長・発展させるためには、持続的に生産性を向上させることが絶対条件となる。さらに重要なことは、生産性向上の成果を社会に公正に配分し、循環

させる好循環の確立である。

　従って、企業のリーダーである経営者はこれまで以上の重責を担う。これまで述べてきたように、企業の持続的成長のために生産性は経営における最も重要な概念であることを再認識しなければならない。

　生産性向上の方法論として経営者は、急速に発展しているデジタル技術により可能となるイノベーションを最大限に活かして、生産性を向上させ、人的資本をはじめとする経営資源をより効果的に活用することだ。

　コンファレンスボードと協働で行った「世界経営幹部意識調査（C-Suite Challenge™）2021『コロナ禍からの回復に向けて』」でもコロナ禍によって世界中の経営者がデジタル変革を加速させている姿が明確になった（図表9-1）。

　この変革を成功させるのは仕事を構造化すること、そしてサイバー空間とフィジカル空間の融合を効果的に行うことにある。例えば、人工知能（AI）と人間の役割分担をし、AIの高精度かつ迅速な問題解決能力と、課題発見・設定などの人間の創造性との相乗効果をいかに発揮していけるかだ。そして生産性の分子となる付加価値の向上を実現するためには、何をおいても人材が重要だ。人材こそが分子改善・改革をもたらし、生産性を上げ、イノベーションに結び付けることができるからだ。またイノベーションは暗黙知の形

図表9-1　コンファレンスボード「世界経営幹部意識調査2021」

Q2. 企業経営上の課題として、2021年に貴社が重点的に取り組むことはどれですか。：
企業経営課題（最大5つまで選択可能：全20項目）[CEO]

	日本		米国		ドイツ		世界		日本（CEO以外）	
	順位	%	順位	%	順位	%	順位	%	順位	%
イノベーションの促進	1	40.7%	2	33.3%	4	36.4%	2	38.6%	5	33.8%
業務プロセスの効率化	2	39.0%	4	28.5%	2	50.0%	5	29.8%	2	44.1%
デジタル・トランスフォーメーションの加速	3	38.1%	1	37.4%	1	53.8%	1	39.3%	1	48.5%
ビジネスモデルの修正	4	35.6%	6	24.4%	5	24.2%	3	31.9%	3	41.2%
持続可能性に関する取り組みの強化	5	32.2%	9	15.5%	6	20.5%	7	24.1%	4	35.3%
組織内コミュニケーションの透明性向上	6	29.7%	12	8.1%	9	15.9%	12	10.4%	6	26.5%
コスト削減	7	22.0%	3	31.7%	3	44.7%	4	30.8%	7	23.5%
戦略的提携を通じたイノベーションの拡大	8	17.0%	8	20.3%	10	14.4%	8	21.3%	7	23.5%
企業統治（ガバナンス）の改善	9	14.4%	18	4.9%	7	19.7%	10	11.7%	9	19.1%
企業ミッションやステークホルダー重視の戦略の改善・改革	10	13.6%	13	5.7%	18	2.3%	14	7.8%	13	8.8%
危機管理計画の見直し	11	13.6%	11	9.8%	16	7.6%	13	10.1%	12	10.3%
M&Aおよび事業分離	12	12.7%	5	27.6%	11	12.9%	9	20.5%	11	14.7%
キャッシュフローの改善	12	12.7%	7	22.0%	8	18.9%	6	25.2%	9	19.1%
意思決定の分散（権限移譲の推進）	14	11.0%	20	2.4%	14	8.3%	16	7.1%	14	7.4%
サイバーリスクの低減	15	8.5%	10	14.6%	11	12.9%	11	10.4%	19	1.5%
環境負荷低減の取り組み	15	8.5%	13	5.7%	14	8.3%	17	5.4%	14	7.4%
コーポレート・シチズンシップの向上	17	3.4%	13	5.7%	17	5.3%	18	4.4%	17	4.4%
その他	17	3.4%	13	5.7%	20	0.8%	20	3.2%	20	0.0%
従業員の削減	19	1.7%	18	4.9%	13	11.4%	15	7.6%	14	7.4%
サプライチェーンの国内回帰加速	20	0.9%	13	5.7%	19	1.5%	19	3.7%	18	2.9%

式知化とその新結合を図ることだ。デジタル技術は形式知を加工修正することで大いに活用できるはずであり、その新結合のアイデア、暗黙知そのもの、知恵は人間が担わねばならない。想像と創造のプロセスこそ重要だと考える。

---

3 | 生産性の式から経営を考える

第5章でも述べたが、ここであらためて生産性の式を企業経営の観点から分解して考えてみよう。

$$労働生産性 ＝ \frac{付加価値（収入－人件費及び減価償却費を除く費用）【分子】}{労働投入【分母】}$$

生産性の式の分子は付加価値である。付加価値はこの式のとおり、収入から費用を引いたものであり、ステークホルダーに分配される原資（賃金や配当など）となる。収入を増やすためには既存事業の改善・改革はもとより本質的には新製品・新サービス、新市場の開拓がキーポイントになる。そのためには人間の想像力と創造力を基軸としたイノベーションが最重要課題として求められることになる。社会の需要は何か、人々は何を求めているのかを徹底して掘り下げることが大切だ。

費用はどうだろう。削減できるものは何か、エネルギー削減などはカーボンニュートラルを目指すためにも大切だ。顧客価値の観点からかけなくてもよい費用をかけていないか、担当者のどんな能力を開発すればよいかなどを人間が考えるのだ。計算はAIに任せれば迅速・正確にしてくれる。

労働生産性の式の分母は労働投入だ。時間あたりの生産性で考えると、労働時間をいかに削減できるかで決まる。ここでも、これまでの仕事の仕組みや仕事の仕方を、人間が想像力と創造力を発揮しながら変革していくことで達成できる。無駄な時間は何か、メリハリの利いた働き方になっているのか、そもそも仕事の仕組みとしてどうかといったことなどだ。

　経営者の仕事として分母改善で削減された余力（労働時間）を分子改善、つまりイノベーションに役立つようストーリー化した仕事の設計をすることが重要になることは言うまでもないだろう。

　デジタル化は、働き方と仕事の概念を変えている。そしてそれは、仕事を行う個人に必要とされるスキル、知識、そして能力が変わることを意味する。従って働く人々にとってはこの要求に適応し習得することが、そして企業には働く人々に対する十分なサポートを行うことが必須となる。

4 ｜ PX ～経営者の役割と生産性を軸とした経営の実践～

　まさに経営者には生産性について、何をどうなすべきかが今、問われているのだ。企業における生産性向上、特に付加価値向上は、基本的に、「人材育成投資」「設備投資」「研究開発投資」の3つの投資によって成し遂げられることはすでに述べた。

　その技術を活用するのも人間であることから、人材育成投資が最も重要な投資であると言えるだろう。もう教育や人材育成はコストだ、などという時代はとうに過ぎ去っているのだ。経営者はこれまで以上に個々の働く人を尊重し、そして尊厳ある仕事を創造しなければならない。

　ここ数十年にわたる、デジタル化、規制緩和、グローバル化、人口動態の変化の進展と今回のコロナ禍などによって、経済成長・生産性向上の成果の公正分配という循環に課題が生じていることは繰り返し述べてきた。この正常化に向けた理念を持つことが必要だ。ステークホルダー資本主義における公正配分とは何か、配分の意思決定基準をどこに求めるべきかを決めることは、経営者にとって極めて重要な仕事だ。

　本来、生産性が向上し、人々がより熟練した尊厳があって面白い仕事に就き、より質の高い製品・サービスを顧客に提供し、賃金が上昇するという好循環により成長は生み出されるはずである。

　しかし、労働分配率の低下、中間層の所得の伸び悩み、インフラや基礎

研究など成長に重要な投資の不足などにより、こうした循環が十分に機能しなくなっている。好循環は、善き社会を創ることに絶対必要な条件であることは言うまでもない。

これからの企業経営に最終的に求められるのは事業を通じてグローバル社会のニーズに応え、場合によっては創造し、社会的便益を増大させる好循環を促進することだと重ねて強調したい。

経営者は自社の事業にとどまることなく、それを越え社会課題にまで視野を広げ、むしろ事業に取り込んで生産性向上の成果をより広範に行きわたらせることを哲学やビジョンとして持たなければならない。長期的視点に立ち、このような環境を成長機会として捉えることはイノベーティブな新規事業や既存事業の拡充について戦略的に考える機会をもたらしてくれる。そのためにはPX（Productivity Transformation、以下PX）が必要だ。

それは「デジタル技術を利活用し、生産性改善・改革のために3つの投資を効果的に行うこと、そしてその成果をステークホルダーに公正に配分し、好循環をつくること」だ。この流れ、すなわちPXが生産性を軸とした経営を生み出すのだ。

生産性を軸とした経営はヒューマンセントリック（人間主体）で人間尊重を起点にした経営だ。働く人々、人間こそがこの難しい課題を解決する唯一無二の存在と信じる経営だ。部分でなく全体、会社だけでなく社会を考え、すべてを善くする経営だ。

そのリーダーたる経営者は常にイノベーションとディファレンシエーション（差異化）を意識しながら、善き社会を創造することに貢献できる人と組織を育成する役割を担う。

日本は30年の停滞や少子・高齢化や人口減少社会への突入、デジタル変革やグローバル化の遅れなどさまざまな課題を抱えるが、幸いにして人材力は世界に誇れるレベルにある。

日本の多くの企業も、元来ステークホルダーを意識した経営（典型は近江商人の経営哲学である「売り手、買い手、世間の三方よし」）である。そして元来、売り上げ・利益至上主義の経営でもない。基本的に利他的で他者（社）のケアを考える、ヒューマンセントリックな経営をしてきた企業も数多くある。

コロナ禍からいち早く脱却し、リカバリーし、持続的発展をするためには、

いま一度このような日本の経営の良さ・強みを吟味し、研ぎ澄まし、見える化し、組織に浸透させるべきだ。

　これからの社会は人間の時代だ。生産性向上こそ、この停滞をブレークスルーして、明日の善き社会を創る唯一の方法だ。

　日本企業は、PXを推進し、達成することで、生産性を軸とした経営を実現し、必ずや持続的成長と発展を果たすことができると信じている。

（大川　幸弘）

【参考文献】

- 入山章栄『世界標準の経営理論』ダイヤモンド社　2019年
- 内山勝利他『アリストテレス全集　政治学　家政論』岩波書店　2018年
- 経済産業省「我が国の産業技術に関する研究開発活動の動向」　2019年
- 小塩隆士『効率と公平を問う』日本評論社　2012年
- 酒井正『日本のセーフティネット格差』慶應義塾大学出版会　2020年
- ジョセフ・E・スティグリッツ『プログレッシブキャピタリズム』東洋経済新報社　2020年
- トマ・ピケティ『21世紀の資本』みすず書房　2014年
- 内閣府「年次経済財政報告」2018年
- 内閣府「年次経済財政報告」2019年
- 日本生産性本部「生産性運動50年史」2005年
- 日本生産性本部「生産性白書」2020年
- ハンス・ロスリング、オーラ・ロスリング、アンナ・ロスリング・ロンランド『ファクトフルネス』日経BP　2019年
- 広野彩子『世界最高峰の経営教室』日経BP　2020年
- 深尾京司・宮川努『生産性と日本経済成長』東京大学出版会　2008年
- 宮川努『コロナショックの経済学』中央経済社　2021年
- 宮川努『生産性とは何か』ちくま新書　2018年
- 森川正之『生産性』日本経済新聞社　2018年

【執筆者略歴】
大川　幸弘（おおかわ　ゆきひろ）
日本生産性本部　常務理事

1983年早稲田大学商学部卒。同年日本生産性本部入職。この間、新入社員からトップまでの人材育成コース開発、講師、経営コンサルタントとして大企業から中堅企業まで約300社を指導。サービス産業生産性協議会や生産性の国際連携の立ち上げなど新しい運動・事業を担当。また、企業倫理・経営革新関連の調査研究主査。2004年経営開発部長、その後サービス産業生産性協議会事務局次長、経営アカデミー部長を兼務。2009年参事、組織広報センター部長、コンサルティング部長を経て、2013年執行役員、2015年理事。経営アカデミーマスター（人事労務・トップ）、賃金管理士、経営品質協議会認定セルフアセッサー。財団法人海外技術者研修協会理事、社会福祉系専門大学院認証評価委員会委員(以上現任)、早稲田大学産業経済研究所特別研究員、ジョージタウン大学経営大学院ビジティングリサーチャー、産業研究所人材育成研究会委員、全日本能率連盟マネジメント・インストラクター認定制度審査会委員、経営品質賞判定委員・同委員会ならびに経営品質協議会事務局長、中国経営品質協議会幹事、京都経営品質協議会参与など歴任。主な著書は「人事考課者マニュアル」「人事の基本を身につける」（共著）、「日本型経営システムの再構築」（共著）、「倫理法令遵守マネジメントシステム」（共著）「企業倫理経営の勧め」「企業経営の新視点」他多数。

齋藤　奈保（さいとう　なほ）
日本生産性本部　統括本部　総合政策部社会政策グループ兼国際連携室担当部長

1997年筑波大学第三学群国際係学類卒。同年日本生産性本部入職。2007年法政大学大学院政策科学研究科修了。2016年 INSEAD 修了（Executive Master of Coaching and Consulting for Change）。IT の進展に伴う SOHO ／在宅就業の実態調査および就業支援、海外労働調査、人事プロフェッショナルの協会運営などに従事したのち、2014年国際 IT 財団事務局長として、先進諸国のデジタル変革実態調査を通じたリーダーシッププログラムに取り組む。2018年には国際連携室立ち上げに携わり、日米・日独間の国際連携体制の構築、経営者対話と生産性比較研究に取り組む。国際連携活動・ドイツパートナーにおけるリエゾンオフィサー。

宮坂　敦（みやさか　あつし）

日本生産性本部　統括本部　課長　国際連携室／経営アカデミー

2000年横浜市立大学商学部卒。同年情報機器メーカーに入社。プリンターの海外営業、商品企画、新事業立ち上げなどを担当し、米国赴任も経験。2012年に多国籍コングロマリット企業に移り、経営企画・管理担当。2014年日本生産性本部コンサルティング部に入職。国内企業のプロセス改善コンサルティングや幹部研修を担当するとともに、東南アジア地域（シンガポール、ベトナムなど）を中心に現地の経営コンサルタントや商工会議所職員などの教育・指導。2017年に国際連携室立ち上げメンバーとなり、国際比較の視点から相互の生産性課題解決のためのプロジェクトを担当。米国コンファレンスボードと協働した「世界経営幹部意識調査（英語名：C-Suite Challenge™）」など定期的に調査結果を発信している。国際連携活動・米国パートナーにおけるリエゾンオフィサー。

木内　康裕（きうち　やすひろ）

日本生産性本部　生産性総合研究センター／国際連携室　上席研究員

2001年立教大学大学院経済学研究科修了。政府系金融機関勤務を経て日本生産性本部入職。生産性に関する統計作成・各種経済分析などが専門。アジア・アフリカ諸国の政府機関に対する生産性に関する技術支援なども行っている。2019年より国際連携室（兼務）。米国ブルッキングス研究所との研究事業などに従事。

主な執筆物に「労働生産性の国際比較」（2003 〜 2006年、2009年以降各年版）、「日本の生産性の動向」（2011 〜 2019年）、「全要素生産性の国際比較」（2004年）、「全要素生産性の産業別・企業規模別比較」（2005年）、「高付加価値経営に向けた今日的な付加価値概念」（2019年、日本生産性本部「新たな付加価値分析に関する研究会」編、分担執筆）、「デジタル化とコロナ禍による企業業績への影響」（2020年）、「日本企業の人材育成投資の実態と今後の方向性」（2020年、分担執筆）、「新時代の高生産性経営」（2021年、関西生産性本部編、分担執筆）など。

原田　さやか（はらだ　さやか）

日本生産性本部　統括本部　国際連携室　担当課長

2001年東京大学法学部政治コース卒。同年日本生産性本部入職。福祉・雇用関連諸政策の調査研究に従事し、再就職支援・キャリア開発関連分野における民間企業・労働組合・公的機関向け教育研修の企画実施も担当。2005年ILO（国際労働機関）に出向。2006年より国際協力部門に移り、2013年国際協力課長。アジア・

アフリカ生産性向上事業を統括し、中東湾岸諸国も含め22カ国以上を歴訪、生産性運動の海外技術移転を推進。2016年より長期休職（中国滞在）を経て、2020年より現職。経営アカデミーマスター（グローバル）、APO（アジア生産性機構）Honorary Fellow 2017、茶道裏千家準教授。

【海外パートナー組織紹介】

＜米国＞

ブルッキングス研究所（The Brookings Institute）

1916年設立。本部は米国ワシントンD.C.。公共政策に特化したシンクタンクで、ミッションは、独立研究と政策ソリューションの提供である。地域・国家・グローバルなどさまざまなレベルにおける社会課題に取り組み、政策決定者や行政に対してイノベイティブで実践的な提案を行っている。ブルッキングス研究所により公表された結論と政策提言は、ひとえに執筆者によるものであり、研究所およびその経営陣、所属する他の学者の見解を反映しない。ブルッキングス研究所は質と独立性とインパクトを発揮する上での絶対的なコミットメントに価値を置いている。寄附者の支援に支えられている活動には、このコミットメントが反映されている。

日本生産性本部は2019年よりブルッキングス研究所のドイツ、日本、米国における労働生産性の国際比較研究を支援している。日本生産性本部は本文において引用されたブルッキングス研究所の以下のリポートにつき、深い感謝とともに改めてここに示す。

Martin Neil Baily, Barry Bosworth, and Siddhi Doshi, "Productivity comparisons: Lessons from Japan, the United States, and Germany" January 2020

Dany Bahar and Sebastian Strauss, "Innovation and the transatlantic productivity slowdown: A comparative analysis of R&D trends in Japan, Germany, and the United States" January 2020

Dany Bahar and Selen Özdoğan, "Innovation quality and global collaborations: Insights from Japan" January 2021

コンファレンスボード（The Conference Board）

1916年設立。本部は米国ニューヨーク。100年超の伝統ある非営利組織であり、会員主導型のシンクタンクである。米国および世界の経済動向分析・予測、企業の経営分析に加え、ESG、持続可能性、企業統治、社会奉仕、社会的責任、教育、多様性・公正と参画、そして持続可能な資本主義など、幅広い分野にわたる提言

や指針を会員組織および経済界全体に実践的に提供している。消費者信頼感指数、景気先行指数は重要指標として米国の政策立案に取り上げられており、活動は米国の他、欧州・アジア・中東に広がっている。

　日本生産性本部は2019年4月にコンファレンスボードと協働し「第1回生産性ビジネスリーダーズ・フォーラム」を米国ニューヨークで開催、同年9月に経営者の行動指針として日米共同宣言を発表している。また、コンファレンスボードが1999年より年次調査として行っている「世界経営幹部意識調査（英語名：C-Suite Challenge™）」に、2018年よりリージョナルパートナーとして参加している。

＜ドイツ＞
ドイツ工学アカデミー（アカテック／acatech）
　メルケル首相の強力なイニシアティブの下、ヘンニヒ・カガーマン氏（SAP元会長兼CEO）が2008年に設立。本部は独ミュンヘン。2011年に「インダストリー4.0構想」を発表。AI・IoT時代の到来を踏まえた製造業立国としての政府、産業界の道筋を示す。エネルギー、テクノロジー、セキュリティ、雇用・教育、モビリティ等の分野においてリサーチ、イベント、出版、政策提言を行っている。

日独産業協会（DJW）
　1986年設立の日独ビジネスのためのプラットフォーム（非営利団体）。会員数は1,200超（法人および個人）。独デュッセルドルフに本部、東京に拠点がある。日独の各地において、最新テーマに基づく各種イベントを多数開催している他、専門家情報等のオンライン提供、会員間の情報交換なども行っている。

ミュンヘナークライス（MÜNCHNER KREIS）
　1974年設立。デジタル社会に向けた活発かつ多様な議論を展開すべく、全ドイツで活動する非営利組織。デジタル変革を促進するため、将来において予見されるさまざまな社会課題の克服を含めて、ビジネス・学識・政府のキープレーヤーによる中立、学際的かつ国際的なプラットフォームを形成している。

PX：Productivity Transformation
［生産性トランスフォーメーション］企業経営の新視点

2021年12月20日　初版第1刷発行 ©

編　著　日本生産性本部　国際連携室

発行者　髙松克弘

発行所　生産性出版

　　　　〒102-8643　東京都千代田区平河町2-13-12

　　　　日本生産性本部

　　　　　　電話03（3511）4034

　　　　　　https://www.jpc-net.jp/

印刷・製本　文唱堂印刷株式会社

装丁・本文　株式会社 hitoe